目录
CONTENTS

职教新生入学教育指南

主　编　许大春　廖丽娟　何永胜
副主编　贺　翔　袁玉杰　王肖红

湘潭大学出版社

图书在版编目（CIP）数据

职教新生入学教育指南 / 许大春，廖丽娟，何永胜主编. -- 湘潭 : 湘潭大学出版社，2021.9
ISBN 978-7-5687-0626-1

Ⅰ. ①职… Ⅱ. ①许… ②廖… ③何… Ⅲ. ①中等专业学校－入学教育－指南 Ⅳ. ①G718.3-62

中国版本图书馆 CIP 数据核字（2021）第 179375 号

职教新生入学教育指南

ZHIJIAO XINSHENG RUXUE JIAOYU ZHINAN

许大春 廖丽娟 何永胜 主编

责任编辑：丁立松
封面设计：张丽莉
出版发行：湘潭大学出版社
社　　址：湖南省湘潭大学工程训练大楼
电　　话：0731-58298960 0731-58298966（传真）
邮　　编：411105
网　　址：http://press.xtu.edu.cn/
印　　刷：河北佳创奇点彩色印刷有限公司
经　　销：湖南省新华书店
开　　本：787 mm×1092 mm 1/16
印　　张：9.5
字　　数：220 千字
版　　次：2021 年 9 月第 1 版
印　　次：2022 年 6 月第 1 次印刷
书　　号：ISBN 978-7-5687-0626-1
定　　价：32.80 元

前言

PREFACE

随着国家对职业教育的重视，中等职业学校的规模和教学质量得到迅速发展。但是从近年来的学生实际情况看，很多学生入校时对职业学校的办学性质、功能知之甚少，相关部门对其所报考的专业和就业导向缺乏有效的指导，致使很多学生出现职业目标定位不准、学习兴趣不浓，甚至基本的行为规范也出现一些问题，不能适应用人单位的需求，影响了其后续发展。因此，如何有效地引导这些身心处在人生重大转折期的学生健康地成长，帮助每一位学生成人、成才，使职业教育真正成为让学生受益、家长和用人单位满意的教育，以提高职业教育的吸引力和竞争力，成为职业教育者面对的最主要问题。

基于种种问题的产生，《职教新生入学教育指南》就显得尤为重要。要让学生合理安排在校生活、明确学习目的，更加深刻懂得如何学习才能成才，如何生活才健康。学生就像溪水，他选择了职业学校，你就要帮助他成功地汇入河流。

全书共八章，内容涉及校园生活、学习成长、健康安全等方面，并设有“知识拓展”“学以致用”等板块作为内容的补充。为了提高学生的学习效率和兴趣，本书采用了大量的图片与案例，使教材更加直观易懂、生动活泼，增强了可读性。

由于编者水平有限，书中难免存在疏漏与不足之处，恳请读者不吝赐教、指正。

编　者
2021 年 7 月

第一章
熟悉校园　开启新生活

对于刚入校的同学来说，即将面临的是一段迷茫的适应期，这一阶段对大家来说是一个过程，它既是成长道路的起点，也是人生道路的重大转折点。因此，积极适应学习生活是同学们进入中职学校后的首要目标。我相信，尽管大家还不太熟悉职校这个环境，但不适应的感觉很快就会过去，最重要的是在这个过程中我们要对自己有客观的认识和评价，能够正确认识自己，养成良好的学习习惯和生活方式。

第一节　熟悉校园环境

一、学校机构设置

中职学校的管理机构和职责如下：

（一）办公室

办公室是学校的综合行政部门。主要处理学校日常政务工作；安排学校党政会议和重大活动；负责管理学校文书、档案、保密、文明创建、计划生育、文印、收发、印章、外事、统计等工作；负责协调各科室工作等。

（二）学生科

学生科主要负责制订并完善学生管理工作制度；负责班主任队伍建设和管理；负责学生德育和思想政治教育工作；负责共青团、学生社团工作；负责学生学籍和档案管理工作；负责对学生工作进行检查、指导和考评；负责学生助学金及其他各项资助经费的管理工作；负责学生评先评优、纪律处分等奖惩管理工作；负责学生心理咨询工作；负责实习学生日常管理工作；负责学生保险工作；负责学生毕业证发放工作等。

（三）教务科

教务科负责拟订学校教学工作计划，会同有关科室研究并提出学校专业设置及调整意见；指导各教学部师资队伍建设；负责教学、考务工作的组织实施；负责教师业务考核、业务档案管理工作；负责组织检查和协调学校教学工作；负责教材订购和供应工作；负责对各教学部门的教学环节进行监督、评估、指导和综合考核；负责协助各教学部完成校企合作、顶岗实习等工作；负责制订学校图书馆建设规划以及图书、设备的购置计划，协同有关部门组织实施；负责各种报纸、期刊的征订、验收、登记、装订、上架及收藏；负责图书馆的借阅、管理和维护工作。

（四）招生就业办公室

招生就业办公室负责学校招生专业、招生计划的汇总及报批工作；负责生源开发及组织、新生录取、新生入学统计等工作；负责制定学校毕业生就业指导工作意见、实施细则，并组织落实；负责举办学校人才供需见面洽谈会；负责毕业生的就业指导、跟踪调查工作；负责协助各教学部做好联合办学、校企合作、顶岗实习等工作。

（五）后勤服务中心

后勤服务中心负责学校后勤服务与安全管理工作；负责管理学校医务室，做好师生医疗保健、重大传染病预防的宣传及校园消毒等工作；负责校园绿化美化的规划、实施和管理工作；负责学校社会治安综合治理，预防刑事犯罪，对重大问题及时报告，维护校园正常秩序；负责学校应急管理工作，制订完善应急预案，及时处理各类突发事件；负责开展安全、消防、保卫、交通、法治等方面宣传教育，协助有关科室做好宣传工作。

（六）教研室

教研室是学校教学工作的组织者和基层管理部门，负责组织制订具体的实施性教学计划，设计教学实践活动，并负责具体实施落实；负责编写本专业及所承担专业外的教学科目的教学大纲及学期授课计划（教学进度表）；负责提出任课教师安排计划，组织好各环节的教学和总结；负责检查教师的教学开展情况和教学质量情况，组织听课、评课，交流教学经验，召开教研活动，研究教学内容、探讨教学方法等。

（七）财务科

财务科负责全校财务收支的计划管理，贯彻执行国家经济政策和财政制度，维护财经纪律，制定本单位财务管理制度，监督各项资金的合理使用；负责编制学校年度经费的预算和各种财务统计报表，提出资金分配使用方案，严格控制计划外的开支和工程项目，做好资金平衡工作；负责严格审查各种原始凭证，认真做好记账、算账、对账工作，管好会计档案，增强服务意识，提高工作效率；负责督促全校资产的定期检查和盘点工作；负责工资、津贴、奖金、助学金（奖学金）等的发放和每学年学生报到书费、住宿费等费用的收费和退费等结算工作。

（八）保卫科

保卫科要贯彻安全第一、预防为主的方针，组织师生进行综合治理，提高学校的自防、自卫和自治能力；负责建立健全学校的治安保卫管理制度和落实安全保卫责任制度，做好学校的安全保卫工作；负责学校的安全防火工作，执行消防制度、落实消防管理，定期检查消防设备设施，组织培训，开展紧急疏散演练活动；负责加强对门卫的领导管理，建立值班制度，做好来访人员、学生外出、进出车辆的检查登记的工作。

除以上管理机构之外，中职学校会根据情况设置信息服务办公室、政工科、督查办、培训中心等部门，对相应的工作进行专门负责和管理。

二、学生组织机构设置

（一）学生会

学生会，是学校中的组织机构之一，是学生自己的群众性组织，是联系学校和管理学生的桥梁和纽带，是学生利益的维护者和忠实代表。学生会是学生代表的最高执行机构。

学生会简介

1. 学生会工作任务

（1）学生会所开展的各项工作和各种活动必须服从和服务于学校学生管理这一中心工作任务，要紧密围绕中心工作积极开展各种有益活动。

（2）组织同学开展学习、科研、文体、社会实践、志愿服务等多种活动，促进同学全面发展。要从实际出发，利用节假日和课余时间，组织有益于同学身心健康的活动，活跃同学们的校内文化生活，加强学生会与同学的联系。

（3）关心同学切身利益，反映同学的合理化建议和正当要求，维护同学的正当权益，促进同学之间、班级之间、师生之间的团结。

2. 学生会组织机构及职责

（1）学生会主席，主持学生会全面工作。负责学生会工作计划的制订和实施，定期召开学生会会议，检查学生会各部工作，定期汇报各部工作情况，代表学生会参加校内、校外的有关会议。

（2）生活部，带领楼道长、寝室长对学生宿舍进行定期检查，不定期抽查，并对各班的宿舍安全、卫生、内务整理、就寝纪律进行检查、评比、通报；每周日学生会例会中，统计卫生、纪律检查情况；协调宿舍内部关系；开创新活动，提高校园文化氛围，加强宿舍之间的交流；定期召开楼道长会议、寝室长会议安排部署宿舍纪律卫生工作；对食堂饭菜质量、价格以及就餐情况进行调查，把广大同学的意见及时上报给后勤部门，以便满足广大同学的要求；做好安全、卫生等方面的宣传，协助寝室管理员搞好“文明宿舍”的评比，给广大同学创造幽雅、洁净、温馨的居住环境。为广大同学在生活方面提供便利；积极参加或组织学生参加文化活动月的相关活动，丰富广大同学的课余生活。

（3）纪律部，定期召开纪律委员会议，及时收集情况，反映意见，布置工作；协助学校抓好检查工作，力创安全、舒适、有序的学习与生活环境；维持各项活动、会议的纪律及考勤工作及大会秩序，协助学生会其他部门的工作，做好活动的纪律工作，督促同学们自觉遵守各项规章制度，提高同学们的组织纪律性；对学校不文明现象进行监督、检查，制止不文明行为，协助学部有关的纪律检查工作；在各部门开展的活动和工作中，监督和检查活动、工作的开展情况，起到公平、公开、公正的作用，使学生会工作更透明；每天对教学区进行检查，及时制止一切违纪事件；协助学校抓好日常纪律和集会纪律。

（4）学习部，直接领导学习委员，指导并帮助他们开展工作，定期召开学习委员会议，了解各班学生学习情况及同学的要求，并及时反馈给教务科；开展学习竞赛，经验交流，纠正不良学风，积极表扬和宣传学习成绩进步显著的班级和个人；及时总结交流学习经验，推荐先进的学习方法，引导同学端正学习态度，明确学习目的，掌握学习方法，培养同学严谨求实的作风；经常了解和向有关部门反映同学的学习情况和对教学工作的意见，配合学校解决同学们学习中遇到的实际问题；组织开展同学喜爱的活动和知识讲座，引导学校优良学风的形成，纠正不良学风，积极表扬和宣传学习成绩进步显著的班级和个人。

（5）文体部，领导各级体育委员，指导、协调、监督并帮助他们开展工作；召开运动会时，协助体育组及学校的其他相关部门交办的工作任务；组织各类体育运动比赛，倡导良好的赛风，丰富同学课余生活；组织广大学生开展校内文娱活动，帮助同学活跃身心，丰富课余校园生活。

（二）团委

学校团委是共青团组织的校级基层组织，主要工作是发挥青年组织的作用，团结和带领全校青年学生积极学习习近平新时代中国特色社会主义理论体系和党的方针政策，努力拓展自身综合素质，积极投身于国家改革和建设的伟大实践，为学校发展服务，为地区经济建设服务，为民族振兴服务，在实践中建功立业，在实践中成长成才，使他们成为有理想、有道德、有文化、有纪律的社会主义现代化建设的合格人才。

1. 团委工作任务

（1）制定和实施团的工作计划，定期召开团委会（每月一次）、团总支书记会议（每月二次）和团支部书记会议（每学期一次），传达上级指示，布置和检查全校团的工作。

（2）领导和组织团员学生认真学习马列主义、毛泽东思想、邓小平理论、“三个代表”重要思想、科学发展观和习近平新时代中国特色社会主义思想，学习贯彻党的路线、方针、政策，学习团的基本知识，定期举办团干培训班，加强学生骨干的思想政治教育。

（3）加强团的组织建设，加快团的自行运行机制建设，完善团内各项制度，为全面活跃团的工作提供组织保证。切实做好年度团员教育评议工作，团籍注册工作和新团员发展工作以及“先进团总支”“先进团支部”“优秀团干”“优秀团员”的评选表彰工作。

（4）配合学校党政做好学生德育工作。充分利用校报、广播台、板报橱窗、校园网络等宣传阵地对广大学生，特别是团员青年进行爱国主义、集体主义教育，为培养新世纪青年和德技双馨的高素质复合型实用人才创造良好的舆论环境和锻炼舞台。

（5）关心团员青年的正当权益，反映学生在学习、生活等方面的意见和要求，并配合学校有关部门做好工作。抓好团的思想教育工作，并负责向党组织推荐优秀团员作为党员发展对象。

（6）指导和帮助各团总支、学生会开展各项有益的活动，结合学校、校区特色创造性地开展学生会工作，充分发挥学生会的桥梁和纽带作用，使学生会真正成为“自我管理、自我教育、自我服务”的学生组织。

（7）组织学生开展社会实践活动，推动青年志愿者活动向纵深方向发展，带领学生走向社会，在实践中受教育、长才干、做贡献。

（8）做好团的日常管理工作，负责团员证的颁发和新生入学、毕业生离校团员组织关系的接转工作，做好团费收缴、使用和管理工作。

2. 团委组织机构职责

（1）团总支

团总支在校团委和各校区党政的领导下开展工作，是校区级团组织核心，在校区团工作中发挥主导作用。结合校区团员青年的特点，以学习、活动为中心，全面开展团的工作。规划、组织本校区团工作，制定工作计划，定期召开团总支委员会议，传达上级指示，研究重大问题，定期召开团支部书记例会，讨论布置工作任务，总结交流工作情况。

（2）团支部

团支部是团的工作和活动的基本单位，应充分发挥团结教育青年的核心作用。团的支部委员由团员大会民主选举产生，设团支部书记、副书记、组织委员、宣传委员等三至五人，支部委员每年改选一次。组织团员青年学习马克思主义、毛泽东思想、邓小平理论、“三个代表”重要思想、科学发展观和习近平新时代中国特色社会主义思想，学习党的路线、方针、政策，学习文化和专业知识；组织开展思想教育活动，对团员青年进行爱国主义、集体主义的教育；组织团员青年参加学雷锋、树新风、社会实践、校园文化等活动；做好发展新团员、收缴团费、违纪团员处理、表彰先进和推荐优秀团员作党的发展对象等活动；对团员进行教育和管理，健全团的组织活动制度，每两周开展一次组织生活，每学期至少召开两次团员大会，每学期召开一次民主生活会，监督团员切实履行义务，保障团员的权利不受侵犯；与班委会密切配合，开展争当“优秀团员”“先进团支部”等活动，树立良好的学风和班风，形成集体风气，为团员青年成长铺路搭桥。

知识拓展

新生入学小窍门——师兄师姐是你最好的小伙伴！

新生小明带着自己的困惑来到校园，一位热情的学姐帮他快速解决了心中困惑。小明顺利熟悉了学校教室、图书馆、办公室、财务科、后勤中心、食堂、校园超市等各部门的位置和职能。食堂的营业时间，在哪里打开水，甚至学校有几个校门等，小明也都在短时间内了解得清清楚楚。

同时，小明还结交了他在新学校的第一个朋友——热心肠的学姐。小明在适应学校新生活的道路上已经迈出了第一步，他对自己的中职生活充满了期待。

第二节　熟悉住校生活

一、共建和谐宿舍

住校生活中，宿舍生活是非常重要的一部分。作为一名新入校的学生，如果宿舍关系不融洽，何谈愉快的住校生活呢？对此，应该注意以下方面：

1. 要学会调整心态

离开了家，远离了父母，需要自己面对陌生的环境。应调整好自己的心态，摒弃以前以自我为中心的态度，以积极的态度面对宿舍生活。

2. 要学会和舍友相处

良好的宿舍关系，是创建和谐宿舍的基础，需要每个人努力。

（1）学会尊重。尊重是获得友情的前提，更是与他人交流的前提，在新的宿舍生活里，要学会尊重每一个人，不要区别对待。

（2）学会宽容。每个人的性格和生活习惯都不同，要学会理解和宽容，不要将自己的意愿强加在别人身上。己所不欲，勿施于人。

（3）学会沟通。沟通可以减少许多不必要的麻烦，遇到冲突时要学会多和舍友交流沟通，尽早地解决问题，而不是冷战。

3. 遵守宿舍规章制度

无规矩不成方圆。每个人都应该遵守学校制定的宿舍规章制度，如做到不使用违规电器，按时回宿舍，不无故晚归、不归等，以免出现事故，对自己和他人造成不必要的伤害。

4. 要学会管理自己

（1）每天起床后叠好自己的被子，整理好自己的桌椅。

（2）不在宿舍乱扔垃圾，保持良好的个人卫生。

（3）安排好自己的作息时间，不要影响他人。

建设和谐宿舍需要每个人做好自己分内的事情，大家共同努力，共同生活在和谐与友爱之中。

二、共创文明班级

（一）融入我们的班集体

班里的同学来自全省乃至全国的各个地方，不再像中学时大家多是同乡或近邻。同学们有着不同的背景、不同的习俗、不同的生活习惯，这时要学会换位思考，多从对方的角度看问题。当同学的选择和自己不同时，要宽容面对，要尽快地更好地融入到新的班集体中。

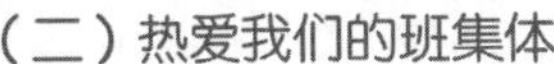

（二）热爱我们的班集体

学校生活肯定比不得家里，难免会有很多的不适应，但是我们要做的不是抱怨，而是要不断地告诉自己，要努力喜欢上这里，只有这样，才可以爱上我们的同学，爱上我们的班级，爱上我们的学校生活。

（三）积极参加各类班级活动

班级活动是班级大融合的最佳途径。新的班级活动非常丰富，集体劳动、文体活动、节日活动，等等，意在让大家尽快彼此熟悉，形成一个团结紧密的班集体。“良好的开始是成功的一半”，这句话用在职业学校班级建设上恰如其分，如果没有在一开始时就形成团结的班集体，同学们就没有新班级归属感。而且只有积极参加班级活动，我们才能在新环境中更多地相互了解，互相学习，互助互爱。

（四）为班级管理奉献力量

1. 积极承担班干部职责

如果你有幸成为班委中的一员，一定要联合其他班干部共同做好班级建设工作。职业学校中，班主任主要是履行指导的职责。班级真正的管理等各项工作其实都落在班委的身上。班委就是班级的核心，是全班同学的领导者和服务者。班级建设得如何，常常是班委起着决定作用。

2. 积极配合班干部工作

班委作为老师的助手，协助管理班级各项事务，其他同学也要积极配合班委的工作，为班级尽一分力量。平时做好自己，不让班委操心，积极参加各项集体活动。期末的时候将整理的资料放到班级微信群或 QQ 群上共享，方便大家复习使用等。

（五）为班级增光添彩

当需要你为班级出力的时候，一定要挺身而出。例如，班级文艺演出、学校文艺活动、体育比赛、技能竞赛等，千万不要因为怕苦怕累，甚至是不想“抛头露面”而拒绝。作为班级的一员，对班级要有一种责任感，而且在你为班级荣誉而战的时候，会收获掌声和欢呼声，你也会为自己的行为感到自豪。

三、了解学校其他情况

校园生活还包含与我们息息相关的饮食与日常活动。每日吃饭的首选肯定是食堂，在学校的管理下，饭菜可口与廉价、干净与卫生。

了解图书馆阅览室的位置以及借书用书的步骤、热水房与澡堂的开放时间、寝室落锁以及开关灯时间等，都有助于自己尽快地适应新的生活，尽快地融入其中，在新的环境中找到自己的归属感，为枯燥的学习生活平添乐趣。

知识拓展

《中等职业学校学生公约》

1. 爱祖国，有梦想。热爱祖国，热爱人民，热爱中国共产党。志存高远，服务人民，奉献社会。

2. 爱学习，有专长。崇尚科学，追求真知；勤学苦练，精益求精；不会就学，不懂就问。

3. 爱劳动，图自强。尊重劳动，勇于创造；艰苦奋斗，勤俭节约；从我做起，脚踏实地。

4. 讲文明，重修养。尊师孝亲，友善待人；诚实守信，言行一致；知错就改，见贤思齐。

5. 遵法纪，守规章。遵守法律，依法做事；遵守校纪，依纪行为；遵守行规，依规行事。

6. 辨美丑，立形象。情趣健康，向善向美；仪容整洁，衣着得体；举止文明，落落大方。

7. 强体魄，保健康。按时作息，坚持锻炼；讲究卫生，保持清洁；珍爱生命，注意安全。

8. 树自信，勇担当。自尊自信，乐观向上；珍惜青春，不怕挫折；敬业乐群，勇担责任。

学以致用

1. 一起制定一份班规。
2. 共同制定一份寝室公约。

第三节　建立同学友谊

一、第一印象

与素不相识的人第一次见面，势必会给对方心里留存某种印象，这就是心理学上“第一印象”。人际交往初期，谁不想给对方留下好的印象呢？只有留存了好的印象，才有兴趣与对方进行深入交往，这也是建立良好关系的基础。第一印象的构成主要来自两个方面：衣着打扮与言语交谈。因为很多中职学校都要求学生在校期间统一穿校服，故衣着打扮这一方面就不做扩展阐述，下面主要从言语、态度和内涵这三个方面来谈谈如何给对方留下美好的第一印象。

（一）言语准备

谈话前需思考并适当地组织一下自己的语言，信口开河、夸夸其谈，都会给人留下不诚实、啰唆的感觉。养成清晰、准确表达自己意见的习惯，说话时避免粗俗、尖刻、损人的话语，切勿踩低别人抬高自己。注意表达的艺术，说话节奏忌太快或太慢，语调能抑扬顿挫则更佳，避免说话有摇头晃脑、指手画脚的伴随动作。

（二）态度准备

在人际交往中，要保持真诚、热情的态度。虚情假意、口是心非、拐弯抹角、多嘴多舌等都会破坏交往的形象和谈话的氛围。在聆听别人讲话时，不要心不在焉，也许对方讲话的内容自己并不感兴趣，但学会倾听是起码的尊重。

（三）内涵准备

在与陌生人的交往中，我们会选择对象。有些人是我们愿意交往的，有些人是我们不愿意交往的。那么哪些人是我们愿意交往的呢？下面我们来个模拟实验：

在朋友的生日晚会中，有两个异性朋友坐在你的左右，一边是外表漂亮的异性，另一边是外表普通的异性，你会先选择与谁说话：（　　）

A．漂亮的异性　　　　B．外表普通的异性

建立同学友谊

当你与她们的交谈持续一段时间后，发现漂亮的异性只是一个“花瓶”，并没有太多内涵，且对你的话题一窍不通；而外表普通的异性对你的话题能够做深入的分析，你们有太多的共同语言。

此时，你会选择与谁做进一步的交流：（　　）

A．漂亮的异性　　　　B．外表普通的异性

心理学家发现，我们在选择交往对象的时候，往往会首先注意那些外表漂亮的，可是如果我们要与交往对象保持良好的人际关系时，只会选择那些在我们的价值观上具有重要意义的人。

因此，中职生正值人生观、价值观形成的重要时期，选择具有良好价值观的同学交往，具有非常深远的影响。

二、主动交往

主动交往，是构建良好人际关系的前提。在现实生活中，缺乏人际交往的人大多是被动地等待别人的接触。研究发现，人们不能主动交往的主要原因有以下三个方面：

第一，缺乏信心，担心自己的主动不会获得别人对等的应答，从而造成难堪的局面。

第二，不知如何主动交往，往往在陌生人面前紧张、手足无措。

第三，存在认知偏见。比如，有些人会觉得自己先打招呼会比低人一等，或者产生又不认识别人，别人怎么会跟我说话的想法，等等。

提问：你与陌生人交往会主动吗？如果不是，你是属于上面哪一类呢？

破冰活动一：主动与人打招呼

给同学们三分钟时间，以小组为单位，请主动与同组的同学打招呼。问候的话为“你好，我叫 ×××，×× 岁，见到你真高兴！”

破冰活动二：寻找话题

打过招呼后，同学们之间可以寻找话题，进一步深入交往。因为交往只有将单向注意转化为双向注意，才能继续下去。在交往初期，不要采用一些有深远意义或自以为聪明的话题。你的话题应该尽可能地是对方熟悉的，有话可说的，交往才能深入。建议可从对方熟悉的领域、熟悉的风俗人群、关注的人或事来寻找话题。比如，你喜欢你的专业吗？为什么？你的家乡怎么样？有什么特产？我们的班主任或任课老师是谁？你了解吗？

在主动交往中，一般班主任老师都会安排专门时间让同学们相互认识，这其中自我介绍是必不可少的环节。如何介绍自己，让对方印象深刻并留存好的印象呢？除了前面介绍了的留存第一好印象的注意点外，对于介绍的内容还要有清晰的逻辑。简单地说就是先介绍什么后介绍什么。当然简单的背景介绍是排在第一位的，类似于“我叫 ×××，×× 岁，毕业于 ×××× 中学。目前我在 ××× 组织担任 ××× 职位”这样的信息。接下来可以介绍自己的兴趣爱好、特长，最好不要简单地罗列，而是配以具体的事例，会让人更加友好地接纳，否则会有炫耀之嫌。最后可以谈谈来这所中职学校学习的目的或是将来的目标是什么。配以一篇学生的自我介绍词，供大家参考。

各位老师，各位同学：

大家好！

我叫 ×××，毕业于 ××× 中学，我性格开朗、为人正直，容易与人相处；平时爱好打篮球、爬山和跑步。

我非常高兴加入 ××× 班这个大家庭中，初来乍到，还有许多方面需要向大家学习，还望在以后的学习生活中，大家能多多指教！

三、SOLER

推荐一个有效增加友好交往的技术——SOLER。SOLER 是 Sit、Open、Lean、Eyes、Relax 这五个英文单词的首字母，分别代表了五个技巧。

S—坐或站的时候要面对别人；

O—姿势要自然开放；

L—身体微微前倾；

E—目光接触；

R—放松。

尝试着在人际交往中运用 SOLER 技术，改变不适当的自我表现，可有效地增加好感度，使他人有效地接纳自己并形成良好印象。

知识拓展

在新环境中，除了熟悉同学建立新的人际关系，这其中还有不可忽视的师生关系。近年来，随着经济社会发展转型，现代教育理念普及，以及复杂多变社会观念的冲击，师生关系正在发生一些值得注意的变化。这其中，既有积极进步的元素，也有让人警醒的问题。“学生再也不像以前那么听话了”“现在的老师跟我上学时完全不一样了”

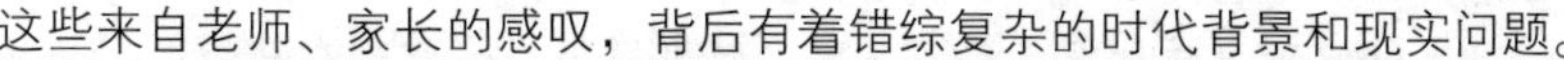

这些来自老师、家长的感叹，背后有着错综复杂的时代背景和现实问题。

在中职的校园里，如何构建新型的师生关系也是一门课题，这种新主要浓缩成以下三个词：平等、诚信、互爱。

民主平等是现代新型师生关系的核心要求。民主平等的师生关系，可以使学生摆脱束缚，大胆创新；可以使学生在尊重和信任中充满自信，勇于创新；可以使单调的课堂变成创新课堂；还可以使师生在诚信中主动愉悦地相互促进。教育中的信任度，是一种互动关系。教师与学生都是课堂教学的参与者，师生间需要进行交往、对话和沟通。学生对教师尊敬信赖，教师对学生关心热爱，是新型师生关系的重要特征。所谓心理相容，才能教学相长。

学以致用

请你运用自我介绍的技巧与真诚，在小组内进行自我介绍。小组成员要准备一张小卡片，写上对你第一印象的关键词，然后在小组内分享。

榜样故事

上海职校生：“我的工牌上印着‘中国航天’”

上海航天技术研究院产品试验车间里，机床轰鸣。22岁小伙邱仙发正聚精会神地打磨着各种结构复杂的零件，连着好几个小时，汗水把浅蓝色的工作服染成了深蓝色。

邱仙发是上海市工程技术管理学校毕业生。2017年，经学校推荐，他来到上海航天技术研究院某下属研究所进行岗位实习。在这个从事航天重要装备产品研制、生产与试验工作的国家重点科研单位，邱仙发的爱国情和责任感被激发了。凭借优异表现于第二年顺利入职，如今，他已成长为研究所最年轻的技术能手。

“很长一段时间，国家装备制造业的技能队伍中，基本都是工作几十年的老技师，中职生过来能干好技能辅助工就不错，但近年来新进的年轻人改变了我们这一看法。他们不仅适应得快、扛得住压，更会积极思考，提出有价值的想法。”研究所人事部门相关负责人说。

在加工某型号隔离件的过程中，邱仙发发现，因零件形状复杂，装夹不便，加工垂直度难以保证。他总结经验，发明一种新的装夹方法，并自己设计出夹具。多次试验证明，新夹具能更好地起到定位和固定零件的作用，从而提升钻孔加工的速度和精度，原有质量隐患也得以消除。

“我提醒自己，如果我的工作出一点差错，可能就会让许多人的努力付之东流，必须始终高标准、严要求。”邱仙发希望，技术上的不断锤炼，能使自己有机会早日参与到更精密机械的加工和装备工作中。

说起长征五号遥四运载火箭成功将“天问一号”探测器送入预定轨道，性格内向的邱仙发神情自豪，说话声也高了八度："箭体上印着'中国航天'标识，和我胸前工牌上的一样。我当时就不自觉地低头看了一眼，特别骄傲，我感到自己的名字是和祖国航天事业连在一起的。"

航空航天、国产大飞机、先进武器装备……这些过去与中职校毕业生相距遥远的行业和领域，如今彼此都不再陌生。以上海市工程技术管理学校为例，邱仙发式的优秀毕业生接连涌现，让企业看到了年轻人的朝气与潜力。学校紧密对接上海振华重工集团、上海飞机制造有限公司、上海航天技术研究院等企业，"订单式"人才培养取得显著成效。近三年，光是进入上海航天技术研究院工作的毕业生总计近百人。

"多年来读中职都被看作是'退而求其次'的选择，但随着我国经济结构调整，新行业、新业态不断出现，对高技能、高素质人才的需求越来越旺盛，职业教育必须适应这种要求，校企合作就是一条必经之路。"上海市工程技术管理学校校长沈瑞华告诉记者，近年来，学校每年千余名毕业生都会被企业"抢着要"，部分优秀学生或稀缺专业人才，在上海的起薪每月能达到税前 1 万元左右。

上海市教委数据显示，过去10年，上海中职校毕业生就业率始终保持在95%以上，毕业生收入持续攀升。2018年，就业率升至98.75%，98.46%的毕业生对就业情况表示满意。

与此同时，校企合作将"工匠精神"、职业荣誉感等提前"植入"了校园。上海航天技术研究院的工程师们表示，近年来新进的年轻人已没有了无所适从的"高原反应"，他们不仅对我国航天装备产品及生产工艺有着初步了解，身上也展现出精益求精、顽强攻坚的可贵品质。

"每个人都有实现人生价值的舞台，我要为祖国航天事业奉献我的青春。"邱仙发说，在助力祖国航天科技不断进步这个"大梦想"之下，自己还有许多"小心愿"，比如买一辆摩托车、在上海安家，等等。"这些梦想都是紧密联结的，都可以靠我的双手去一个个实现。"

资料来源：http://www.xinhuanet.com/politics/leaders/2020-08/21/c_1126394778.htm

第二章
走进职校　认识职教

2018 年 5 月 6 日，2018 年职业教育活动周全国启动仪式暨第十一届全国职业院校技能大赛开幕式在天津海河教育园区体育馆内举行。本次活动周以“职教改革四十年，产教融合育工匠”为主题，重点开展三大活动：一是内容丰富、形式多样的职业体验活动；二是产教融合、校企合作等主题推介活动；三是走进城乡、贴近群众的志愿服务活动。通过这些活动，使活动周成为社会了解职业教育、体验职业教育、共享职业教育成果的窗口。

那么何为职业教育呢？

接下来，让我们一起来了解职业教育。

第一节　了解职业教育

一、国际社会对职业教育的理解

1. 狭义的观点

狭义的观点把职业教育局限于培养工人和农民的范畴，认为这类人才的培养不需要接受高等层次的教育，把职业教育归为中等教育范畴。

2. 广义的观点

广义的观点把职业教育定义得非常宽泛，认为所有的专业教育都是职业教育，它是相对于文化基础教育而言的，因为所有专业教育的学生毕业后都要从事职业岗位的工作，都有一定的职业倾向。

3. 介于广义和狭义之间的观点

这种观点认为职业教育是一种特殊形式的专业教育，是专业教育的一部分，它包括职业教育和技术教育两种形式，前者是培养工人和农民的教育，后者为培养技术员、工程师的教育。

综上所述，职业教育是指对受教育者实施可从事某种职业或生产劳动所必需的职业知识、技能和职业道德的教育，包括职业学校教育和职业培训。职业学校教育是学历性的教育，分为初等、中等和高等职业学校教育。同学们目前即将要接受的教育就是中等职业教育。

中国具有世界上规模最大的职业教育，每年在校生 2900 万人，培训各类技术技能人才 200 多万人。中国具有覆盖所有制造业和服务业的职业教育专业，从中职到高职，各类专业已达 1000 多个，覆盖了所有行业、企业、生产一线的专业岗位、技术技能岗位。

二、职业教育的特性与优势

教育部原副部长鲁昕在 2018 年 5 月 11 日"一带一路"职业教育国际研讨会开幕式上讲到：推进"一带一路"建设关键在人才，根本在教育。职业教育是国民教育和人力资源开发的重要组成部分，是广大青年打开通往成功成才大门的重要途径，肩负着培养多样化人才、传承技术技能、促进就业创业的重要职责。

可见职业教育的重要性。下面我们来一起了解职业教育的特性与优势。

（一）职业教育的特性

1. 社会性

职业教育的社会性是指把职业教育置身于经济社会的大背景之下，使学校与社会建立起广泛的联系，从而更加有效地为经济发展和社会进步服务。

职业教育

这种社会性主要体现在以下方面：

职业教育的培养目标、发展规模、办学形式、培养人才的周期、专业及课程设置、师资任用、教学组织安排等都要体现市场精神，与经济社会发展相适应。

2. 职业性

职业教育的职业性是指职业教育培养生产、服务、技术和管理等所需要的高素质劳动者和技术、技能性人才，注重学生职业能力的培养，具有以就业为导向、为就业服务的特点。

3. 实践性

职业教育的实践性是指职业教育从应用和实际的角度出发进行，注重实践能力的培养。主要体现在两个方面：一是职业教育的教学过程具有实践性特点；二是职业教育培养的人才类型具有实践性的特点。

4. 终身性

职业教育的终身性是指教育应贯穿人的一生，应当使处于各年龄阶段的人们，能够在最适当的时期和场所，接受最适当的教育。职业教育就具有这样的优势，每一个社会成员一生中都要接受职业教育。

（二）职业教育的优势

近年来，随着职业教育的发展和投入力度的加大，职业教育的优势越来越明显地显示出来。概括地讲，职业教育有以下五大优势：

1. 就业优势

近年来，我国人才需求结构发生了根本性的变化，国家亟须数以亿计的技能型人才。近几年，我国就业形势严峻，一方面表现在普通大学毕业生就业难，另一方面国家亟需的技能型人才又严重缺乏。职业教育就是就业教育，走职业教育这条路，就业前景是非常好的。

2. 学习优势

职业教育是大众化教育，学校可根据学生的学业状况，区域产业情况，有针对性地进行人才培养模式的制定、课程体系的设置等，真正做到因材施教。

3. 发展优势

对于职校学生来说，未来的出路很多。可以选择对口升学，考取高职院校就读大专或本科，继续深造；也可由学校推荐到对应单位工作。近年来，我国提出普通高中学校和职业院校可以开展课程和学分互认，学习者可以通过考试在普通高中和职业院校之间转学、升学，建立职业教育和普通教育双向沟通的立交桥，等等。这一系列措施，打破了以往职校学生向上流动的“天花板”和左右衔接的“隔离墙”。

4. 政策优势

近年来，党和国家越来越重视职业教育，在招生、就业、经费投入、师资保障等方面给予倾斜政策。

5. 成功优势

职业教育注重职业生涯教育，从就业提升到创业，这是每位事业成功者的成长规律。事业成功不在高学历，而在具有进取、创新、吃苦、拼搏的能力。

三、职业教育的发展

1. 原始社会的职业教育

原始社会，文字尚未产生，人的教育与生产、生活紧密结合在一起。教育者多是部落或部落联盟的首领，长者。

2. 奴隶社会的职业教育

在奴隶社会，社会分工已经出现，已有农牧业、手工业和商业。手工业较为发达，分工较细。根据史料记载当时有 30 多个工种，故称“百工”。这些工人就是手工业奴隶。朝廷设置了专门管理农业、建筑业和手工业的官吏。

职业教育主要面向两类人：一种为农官、司工、史官、礼官等各种职官；另一种为“父教子学，世代相传”的百工。“各守其职，各安其业。”

3. 封建社会的职业教育

封建社会，农牧业、手工业和工商业进一步发达，社会分工更加专业化、细化。各行各业开展职业教育。

职业教育主要有以下四种形式：

（1）父子相传；

（2）师徒相授；

（3）学校教育；

（4）推广新技术、新方法、新工艺等。

4. 近现代的职业教育

我国近现代职业教育起源于清末的洋务运动。清末至民国初期（1862—1902），技术学堂和实业学堂尚未形成学制，新教育与当时奉行的科举教育制度交织在一起。设立的学校是零星和分散的，无系统可言。学校多为单一专科，以适应某一方面应用人才的需要。学生入学无文化界限要求，学校无明显的等级，入学后学习年限也无统一标准。

学校按其性质与科类可分为两大类：文科性质学习西方语言文字（“西文”）的学校和学习西方科技（“西艺”）的学校。具体可分为五种类型。

第一类：培养外交翻译人员以学习“西文”为主的学校。

北京同文馆（1862 年，中国最早的新教育学校）、上海广方言馆（1863 年上海同文馆，1869 年改名）、广州同文馆（1864 年）、新疆俄文馆（1887 年）、台湾西方馆（1887 年）等。

第二类：国防工业技术学校，系为国防需要和陆海军装备相关的技术教育。

首批创办的有福建船政学堂（1866 年）、上海江南制造局附设机器学堂（1867 年，于 1874 年改操炮学堂，1898 年改工艺学堂）、福州电气学塾（1876 年，即电报学堂）、天津电报学堂（1879 年）等。

第三类：军事学校。

天津水师学堂（1880 年）、广东黄埔鱼雷学堂（1886 年）、广东水师学堂（1887 年）等。

第四类：农工商业实业学堂。

这类学堂大多是戊戌变法期间创办的。如杭州蚕学馆、温州瑞平化学学堂（1899 年）、湖北农务学堂和工艺学堂（1898 年）等。

第五类：综合性学习一般科技与西文的学校。

北京通学堂（1898 年）、绍兴中西学堂（1898 年，相当于中学）等。

以上学校的创办，最初侧重于国防军事，后趋向于农工商实业，培养应用技术人才，用以适应国防、外交与发展农工商各业的需要。

四、现代职业教育体系

现代职业教育体系是适应地方经济社会发展需要，满足人民群众多样化职业教育需求，形成由中职、专科、本科到研究生的有机衔接，职业教育、普通教育、继续教育相互沟通的现代职业教育系统。现代职业教育体系以各级各类职业院校和职业培训机构为主要载体，具有适应需求、有机衔接、多元立交的特点。

1. 适应需求

适应需求就是适应经济发展方式转变、现代产业体系建设和人的全面发展要求，遵

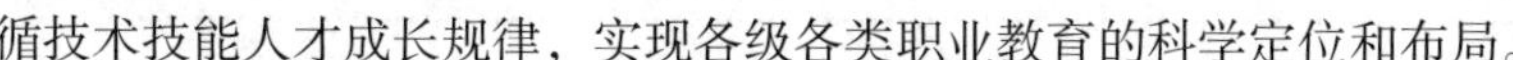

循技术技能人才成长规律，实现各级各类职业教育的科学定位和布局。

2. 有机衔接

有机衔接就是统筹协调中等、高等职业教育发展，以课程衔接体系为重点，促进培养目标、专业设置、教学资源、招生制度、评价机制、教师培养、行业指导、集团化办学等领域相衔接，切实增强人才培养的针对性、系统性和多样化。

3. 多元立交

多元立交就是推动职业教育与普通教育、继续教育相互沟通，实行全日制教育与非全日制教育并重，搭建职业教育人才成长“立交桥”。

知识拓展

教育部部长陈宝生谈职业教育

1. 四个“把”

把学科建在产业链上，把学校建在开发区里，把工匠精神刻在学生心中，把创新意识融入学生血液。

2. 六个“起来”

让职业教育香起来、亮起来、强起来、忙起来、活起来、特起来。

3. 七个“像”

职业教育实验区要探索发展现代职业教育的路子，学校像企业、教室像车间、课堂像工段、教师像师傅、学生像学徒、教案像图纸、作业像产品，这会成为我们将来中国式职业教育发展的新模式。

4. 建立“旋转门”机制

企业的技术人员可以到学校去当老师，学校的老师到企业去工作一段时间，建立一种“旋转门”机制。这种办法发展下去，就可以促使校企一体，建立自己的人才培养基地，特别是大企业。

5. 持续推进质量提升

2018 年要印发实施职业学校校企合作促进办法，推进职业教育校企深度合作项目，鼓励大企业举办高质量的职业教育，推进现代学徒制试点，建设一批示范性职业教育集团。要完善具有职业教育特点的教学标准体系，印发新的中职专业目录和部分公共基础课程标准、高职专业教学标准，健全专业随产业发展动态调整机制。实施中国特色高水平高职学校和专业建设计划。创新职业院校评估，提升职业院校办学水平和质量。

6. 支撑“中国制造”走向“中国智造”

大力发展现代职业教育，培养更多有原创精神和精湛技艺的大国工匠，支撑“中国制造”走向“中国智造”。主动服务动能转化和产业升级，推动实施《制造业人才发展指南》，加快培育大批具有专业技能与工匠精神的高素质劳动者，助力“中国制造 2025”。配合“一带一路”建设和国际产能合作，探索与中国企业和产品“走出去”

相配套的职业教育发展模式。要优化职业教育资源配置，严格规范管理，建立学校办学资质定期检查制度，对不符合办学资质的学校要依法责令整改、退出。

7. 高看一眼，厚爱一分

和普通教育一样，职业教育是我国实现现代化最重要的智力保障。新科技革命的兴起和我国制造业的快速发展，对职业教育的发展提出了急迫的要求，要求我们为国家现代化建设提供大规模的技术人才支撑。社会各界要对职业教育高看一眼，厚爱一分，把职业教育看成孩子人生发展的一个非常有前途的选择和途径。

学以致用

请你结合职业教育的特点，立足自身的专业与兴趣特长，说一说你的职校学习生涯规划。

第二节 职业教育、初中、普高教育的区别

初中目前在我国属于基础教育范畴。基础教育就是人们在成长中为了获取更多学问而在先期要掌握的知识的教育，一般指幼儿教育、小学教育和初中教育。因此，初中与中职有升学年龄上的衔接。

普通高中是普通教育范畴。普通教育主要是指以升学为目标，以基础科学知识为主要教学内容的学校教育，与中职教育属于同一年龄阶层的教育。

到底有何区别呢？下面我们来了解一下。

一、中职与初中

中职与初中的区别主要有三方面，详见表 2-1。

表 2-1 中职与初中的区别

区别	解释
专业区别	在初中，学生没有专业，班级的组织完全由年级决定。而在中职学校，每个学生都有明确的专业，即使采用大类招生的学校，在一定时间也会给学生选择专业，学生在毕业时，会以某个专业毕业。
发展途径	初中学生基本都是通过中考完成升学，同一个区域内的学生参加的中考形式与内容几乎是一致的；而中职学生基本是面向就业，也有通过高职考试或中高职贯通等形式升学，但是在升学前基本已经确定了专业。
学习形式	初中时期的学习形式基本以课堂教学为主，所学知识以文化课知识为主。而在中职学校，除了课堂教学之外，会有大量的实训操练时间，也有校外实训、体验、顶岗实习等；所学习的知识除了文化基础知识外，还包括专业基础知识、专业技能和职业生涯发展技能，学习职业礼仪、文化。

二、中职与普通高中

普通高中，是我国九年义务教育结束后更高等的教育机构，下接初中，上启大学，一般为三年制，毕业后可以参加高考继续升学。

一般认为，普通教育与职业教育有着明确的区别。它们的起源不同，实施机构不同，职能和培养目标也不同。这些根本性的区别决定了两者在课程设置上的不同倾向，即普通教育偏重学术性知识的传授，而职业教育侧重实用性技能的训练。二者主要区别详见表 2–2。

表 2–2 中职与普通高中的区别

区别	解释
培养目标	普通教育主要培养的是研究型人才、探索型人才及设计型人才，而职业教育则主要培养既具有专业知识，又具有专业技能，能够进行技术指导并将设计图纸转化为所需实物，能够运用设计理念进行现场指挥的技术人才。换句话说，职业教育培养的是技艺型、操作型的技术人才。
专业设置与课程设置	在专业设置及课程设置上，普通教育是根据学科知识体系的内部逻辑来严格设定的，而职业教育则是以职业岗位能力需求或能力要素为核心来设计的。就职业教育的专业而言，可以说社会上有多少个职业就有多少个专业；就职业教育的课程设置而言，也是通过对职业岗位的分析，确定每种职业岗位所需的能力或素质体系，再来确定与之相对应的课程体系。
培养方式	普通教育以理论教学为主，虽说也有实验等联系实际的环节，但其目的仅仅是为了更好地学习、掌握理论知识，着眼于理论知识的理解与传授。而职业教育则是着眼于培养学生在实际岗位所需的动手能力，强调理论与实践并重，因此将技能训练放在极其重要的位置上，讲究做中学，倡导知识够用为原则，缺什么就补什么，实践教学的比重特别大。这样带来的直接效果是，与普通教育相比，职业教育所培养的学生，在毕业后所从事的工作同其所受的职业教育的专业是对口的，他们有较好的岗位心理准备和技术准备，因而能迅速地适应各种各样的工作要求，为企业或单位带来更大的经济效益。

知识拓展

在浙江，中职升学有一座立交桥

1. 普通高中与中职融通

浙江省着力完善职业教育体系，加强普通高中与中职协调发展，推动实施普通高中与中职同平台同批次同步招生和普通高中与中职学生的有序流转，探索课程共通、专业体验、生涯指导等多样化融通模式改革。

2. 中高职贯通

加强中高职在人才培养目标、教学方案、课程体系、教学过程等方面的有机衔接，积极探索构建多元一体化培养技术技能人才途径。“3+2”、五年一贯制等中高职一体化培养高技能专业人才的人才培养模式一经推出就受到家长欢迎。

3. 3+4 试点

浙江省教育厅发布了一条关于职业教育的新措施，将从 2018 年开始试点“3+4”模式，即中职三年 + 本科四年，7 年一贯培养人才。

4. 单考单招

浙江实施面向中职学生的多元化招生改革，在不断完善高职单考单招制度的基础上，逐步扩大高职院校面向中职毕业生的自主招生规模。2017 年，全省中职学生升入高校的比例达 30%，计划到 2022 年，比例达到 50% 以上，职教体系构建更加完善，职业教育竞争力和吸引力进一步增强。

学以致用

请整理你所学专业所要具备的工作能力与职业素养。

榜样故事

“世界第一剪”是这样练成的

2015 年 8 月 17 日，在巴西圣保罗，重庆五一高级技工学校学生聂凤身披五星红旗登上领奖台时，脸上绽放出格外开心的笑容——她代表中国参加第 43 届世界技能大赛，勇夺美发项目金牌！

22 岁的聂凤是土生土长的重庆人，作为独生女，从小被父母宠爱有加的她，和众多孩子一样贪玩。一个偶然的机会，她接触到美发行业，并发自内心地喜欢上了它。

初中毕业后，她不顾父母的反对，放弃念高中的机会，开始在理发店学手艺。

可是，家里人并不支持她的选择，固执的她决定不要家里一分钱，靠自己挣钱养活自己。“那时，我还没有挣到钱，可是气温逐渐降低，我没有太多的衣服穿，为了保暖，就把各种 T 恤都穿在身上，外面再套个外套。”在那段学艺的日子里，聂凤吃了很多苦头，“其实，我吃不惯馒头，可是馒头最便宜，我不得不每天啃馒头来充饥。”

经过三个月的学习，店主让她尝试着独当一面，帮顾客理发。当她拿起剪子的时候，她的手不由自主地发抖——因为她生怕顾客不满意。

高度紧张的她总是害怕出一点点差错，导致理发时间过长，顾客很生气。初入职场的她忍不住大哭了一场。但聂凤是个不会轻易认输的女孩，越是困难，她越想做好。

一年后，她重拾课本，走进了重庆五一高级技工学校，跟着何先泽老师学习美发技术。

重庆著名美发师何先泽是一个颇富传奇色彩的人物，他是全国第一个在美容美发行业中获得国务院特殊津贴的人，在业界有着“发痴”的名号。

何先泽是重庆五一高级技工学校的高级技师、副教授。有了何先泽老师的悉心指导，加上聂凤聪慧机灵、悟性高，她的美发技术逐渐提高。

“那是一段格外充实的时光，早上四五点起床看资料，琢磨发型。整个人处于一种亢奋的状态，不觉得累。”聂凤回忆说。

2013年，聂凤参加了第42届世界技能大赛的全国选拔赛，名列第三，未能代表中国队出征。

在很多人看来，这个成绩已经非常优秀了，可是聂凤并不满足。她暗下决心，一定要努力站上国际大赛的舞台。

接下来的三年，聂凤每天都要进行体能训练和日常训练，以应对世界技能大赛的高强度赛程安排。

2015年8月，经过国内选拔，聂凤以绝对优势胜出，代表中国出征在巴西圣保罗举办的第43届世界技能大赛。

此次比赛共设8个发型项目，比赛时间为20小时，分4天完成，所有的内容必须在台上完成。

在8个发型项目中，有2个是规定项目，有5个是自选项目，还有1个由抽签决定，这对选手的基本功和想象力是极大的考验。

比赛时，女士基础发型项目耗时最长，聂凤在台上站了4小时15分，发挥出了自己的最高水准，这也是她夺得金牌的关键。

比赛项目分为两个阶段，第一个阶段是为头模做日常发型，裁判为这个发型评分后，进入第二个阶段。在这个阶段，选手将被禁用剪刀，以原发型为基础，造型出夸张的时尚发型——两个阶段都很重要，如果第一个阶段剪得不到位，就不可能做出完美的时尚造型。

赛场上，面对各国顶尖高手，聂凤并不怯场，“并没有太多关注对手的表现，只想投入地做好自己。”

最终，聂凤以一头短碎发做成的时尚造型赢得了裁判的青睐，超越了美发强国法国、韩国的选手，成为这个项目的“世界第一剪”。

“获奖后，美发对于我来说有更多意义，身上也多了份责任和荣誉，我将把美发当作一生的事业来对待。”这个快言快语的重庆姑娘说，自己已经和重庆五一高级技工学校签约，毕业后将留校工作，培养下一届技能大赛选手。

资料来源：http://news.youth.cn/sh/201510/t20151012_7198636.htm

第三节　中职生资助政策介绍

中等职业学校建立了以国家助学金、国家免学费政策为主，以顶岗实习、奖学金、学校减免学费、助学贷款或学费延期支付、社会资助等为辅的5+2资助政策体系。为了让同学们进一步熟悉各项资助政策，现将主要政策介绍如下。

一、国家助学金制度

中等职业学校国家助学金制度是中职生资助政策的主要组成部分，中职生国家助学金是国家为了增强中职教育涉农专业的吸引力，同时也为了更好地保证非涉农专业的家庭经济困难学生的受教育机会而设立的。

（一）享受国家助学金政策的学校

享受国家助学金政策的学校是指经政府有关部门依法批准设立，实施全日制中等学历教育的各类职业学校，包括公办和民办的普通中专、成人中专、职业高中、技工学校和高等学校附属的中专部、中等职业学校等。

（二）国家助学金资助对象

国家助学金资助对象是具有中等职业学校全日制学历教育正式学籍的在校一、二年级涉农专业学生和非涉农专业家庭经济困难学生，资助标准为每生每学年 2 000 元。根据教育部发布的《中等职业学校专业目录（2010 年修订）》（教职成〔2010〕4 号）及专业设置管理办法等规定，涉农专业范围为：农林牧渔类所有 32 个专业，以及轻纺食品类的粮油饲料加工技术专业、粮油储运与检验技术专业和医药卫生类的农村医学专业 3 个专业。非涉农专业家庭经济困难学生具体指就读的具有正式学籍的城乡低保家庭（含生活困难补助家庭）学生、城乡低收入家庭子女、领取生活困难补

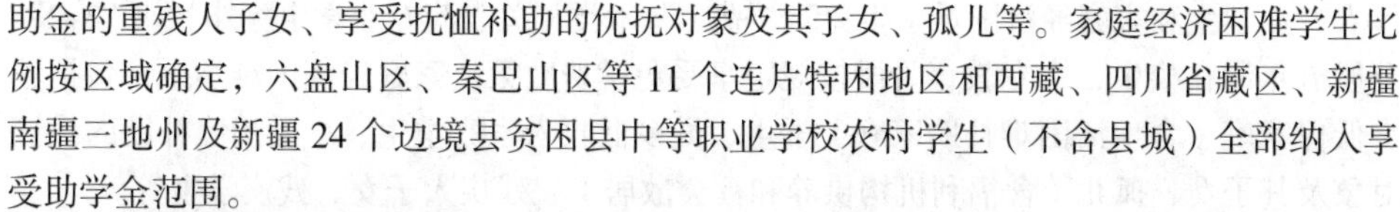

助金的重残人子女、享受抚恤补助的优抚对象及其子女、孤儿等。家庭经济困难学生比例按区域确定，六盘山区、秦巴山区等 11 个连片特困地区和西藏、四川省藏区、新疆南疆三地州及新疆 24 个边境县贫困县中等职业学校农村学生（不含县城）全部纳入享受助学金范围。

（三）国家助学金资助标准

国家助学金主要用于受助学生的生活费开支，资助标准为每生每学年 2 000 元。国家助学金资助面，原则上为一、二年级全日制涉农专业在校生及非涉农专业家庭经济困难的在校生的 10%。国家助学金政策同时规定，地方出台的中等职业教育免学费政策和助学金政策，范围大于或相关标准高于国家标准的，可按照本地的办法继续实施。

以北京市为例，北京市中等职业教育国家助学金分为两等。其中，一等国家助学金为每生每学年 2 500 元，资助对象为城乡低保家庭（含生活困难补助家庭）学生、领取生活困难补助金的重残人子女、享受抚恤补助的优抚对象及其子女、孤儿；二等国家助学金为每生每学年 1 800 元，资助对象为城乡低收入家庭学生和涉农专业学生。

（四）国家助学金的办理流程

中职生国家助学金具体办理流程如下。

1. 学生应在入学前办理好身份证。

2. 学生填写《中等职业学校国家助学金申请表》，在新学年开学一周内向就读学校提交，并递交家庭经济困难相关证明材料。

3. 学校受理学生申请并组织初审。

4. 有关部门审批，并将拟资助学生名单在学校内进行不少于 5 个工作日的公示。

5. 学校或学生资助管理机构为每位受助学生办理“中职学生资助卡”。由有关部门将助学金直接发放到资助卡中，学生凭本人身份证、学生证到相关银行激活资助卡，方可取款。发卡银行不得向学生收取卡费或押金等费用，也不得从学生享受的国家助学金中抵扣。

二、国家免学费制度

2016 年 12 月 6 日，财政部、教育部、人力资源社会保障部以财科教〔2016〕36 号印发《中等职业学校免学费补助资金管理办法》，自 2017 年 7 月 1 日起施行。具体政策如下：

（一）享受国家免学费政策的学校

享受国家免学费政策的学校是指政府有关部门依法批准设立并备案，实施全日制中等学历教育的各类职业学校，包括公办和民办的普通中专、成人中专、职业高中、技工学校和高等学校附属的中专部、中等职业学校等。

（二）国家免学费政策资助对象

国家免学费政策资助对象是公办中等职业学校和政府职业教育行政管理部门依法批准、符合国家标准的民办中等职业学校全日制正式学籍一、二、三年级在校生。国家对中等职业学校全日制正式学籍一、二、三年级在校生中所有农村（含县镇）学生、城市涉农专业学生和家庭经济困难学生免除学费（艺术类相关表演专业学生除外）。“3+2”分段五年制在校生，中专教育阶段按规定享受免学费政策。家庭经济困难学生，包括城乡低保家庭（含生活困难补助家庭）学生、城乡低收入家庭学生、享受抚恤补助的优抚对象及其子女、孤儿（含福利机构供养和社会散居）、残疾人子女、残疾学生等。

（三）国家免学费政策资助标准

免学费标准按照省、市人民政府及其价格主管部门批准的公办中等职业学校各专业学费标准确定，民办中等职业学校，其全日制正式学籍学生，按照当地同类型同专业公办中等职业学校收费标准免除学费。

（四）国家免学费政策办理流程

1. 中等职业学校国家免学费名单，每学期开学时学校学生资助管理机构需要确定一次，学校在学生每学期入校后要组织填写《中等职业学校学生免学费登记表》并收集相关材料，包括学生本人身份证原件、复印件；户口本原件、户主页及本人页复印件。

2. 学校对受助学生提供的材料进行审查，缺件、少件的督促学生及时补齐，对符合标准的学生通过全国中等职业学校学生管理信息系统提交同级资助管理部门审核。

3. 资助管理部门按照资助政策规定对同级学校提交的受助学生信息进行审核，审核结果由资助管理部门在校内进行不少于五个工作日的公示。公示无异议的学生享受免学费。

三、顶岗实习

学校可以安排中等职业学校三年级学生到企业等单位顶岗实习，获得一定报酬，用于支付学习和生活费用。学生实习由学校和实习单位共同管理，共同制订实习计划。学校应设定实习管理机构，建立实习管理档案，定期检查实习情况，购买意外伤害保险等相关保险。实习管理机构应有专人负责实习工作，推荐实习指导教师。

四、奖学金制度

地方政府、相关行业、企业安排专项资金设立中职学生政府奖学金、专业奖学金和定向奖学金。以北京市为例，北京市中等职业学校政府奖学金是对品学兼优的具有全日制正式学籍的在校学生（不含民办中等职业学校）予以奖励，每生奖励 2 000 元。

奖学金制度

五、学校减免学费制度

中等职业学校每年安排不低于事业收入 5% 的经费，用于减免学费、勤工助学、校内奖学金和特殊困难补助等。

六、助学贷款或学费延期支付制度

国家鼓励和引导金融机构为贫困家庭学生提供小额助学贷款，可由地方政府予以贴息。具备实力的职业学校可由学校集中贷款后与学生家长协商确立延期支付学期费用合同。

七、社会资助制度

国家鼓励和支持社会有关机构、社会团体、企事业单位及公民个人积极参与中职学校家庭经济困难学生捐赠资助工作。

知识拓展

如何办理中职学生资助卡？

中职学生资助卡是由中国人民银行、财政部、教育部、人力资源社会保障部四部委联合推行的，面向中等职业学校学生发行、用于发放国家助学金的借记卡，简称中职卡。中职卡的推行是为进一步落实国家中等职业教育学生资助政策，规范中职国家助学金发放管理工作，促进中职事业的科学发展。中职卡实行“一人一卡，集中申领、本人激活原则”。中职卡发卡行暂定中国工商银行、中国农业银行、中国银行、中国建设银行、中国邮政储蓄银行五家银行。

1. 中职学生资助卡办理流程：集中申领

受助学生为学校提供有效身份证件原件和复印件，其他办理手续由学校办理。学校或学生资助管理机构按照中职信息管理系统或技校信息系统提供学生信息，并向银行提供受助学生有效身份证件复印件。学校或学生资助管理机构要对学生身份信息的真实性和准确性负责。营业网点、一级支行（县市机构）、一级分行收到学校申请开户的信息后，按照批量开户/批量开卡相关规定要求办理开户事宜。

2. 一人一卡

受助学生只能办理一张中职卡，防范个别学校利用已转学、退学学生信息骗领助学金。中职卡持卡学生转学、退学时，学校应督促学生到发卡银行办理销户手续，否则不予办理转、退学手续。

3. 激活使用

中职学生资助卡：激活“中职卡”。经申领并发放给学生后，由学生本人持“中职卡”、有效身份证件原件和学生证到营业网点办理密码修改业务。密码修改后“中职卡”即被激活使用。

4. 中职卡银行优惠政策

中职卡相比普通借记卡，有以下优惠服务：从开卡费方面来说，中职卡免收开卡手续（工本）费，借记卡开户开卡通常需要0～50元不等；从小额账户管理费来说，中职卡自开卡之日起三年内享受免年费和小额账户管理费的优惠，借记卡每月需要小额账户管理费1～2元；从短信通知方面来说，中职卡免费提供助学金入账短信通知服务，借记卡每月短信通知费用需要3元。

学以致用

以小组为单位，根据所学的中专学生资助政策，做一个关于资助政策的思维导图。

第三章
参加军训　磨炼意志

军训，是新学期的第一课。军训的目的是：增强国防意识与集体主义观念，深刻领悟“立德、立学、立行、立新”的真正含义；培养团结互助的作风，增强集体凝聚力与战斗力。军训还能提高生活自理能力，培养思想上的自立和独立，帮助我们养成严格自律的良好习惯。

第一节　军训概述

一、军训的发展历史

军训最早可追溯至夏商时期。根据记载，在商代，由于诸侯间战争增多，统治者对军事训练日益重视，除了对正规军队进行训练外，还通过学校对各级贵族进行军事教育。

从西周开始，官学分“国学”与“乡学”，并有“小学”和“大学”两级。其中的“大学”，即以“六艺”为标准课程，“礼、乐、射、御、书、数”成为学生需要掌握的六种基本才能，其中的射、御，即为古代的军训，教师一般直接由军官担任。

到了诸侯纷争的春秋战国时期，“兵者，国之大事，死生之地，存亡之道，不可不察也。”各国更加重视军事人才教育和训练，军训成为官办学校教育的重要内容，就连孔子的“民办学校”私学也很重视军训。孔子作为中国国民教育的开创者，他在教育过程中，将射御之术看得与礼乐教化一样重要，《孔子家语・观乡射》就记载有孔子教射的内容。

秦汉时，统治者对学生军训的重视程度逐渐减弱，学校军训则开始走下坡路，随着儒家学术被奉为正统，“六艺”也变身为儒学六经，军事教育内容消失，军训的职能弱化为一种礼仪程式。其实，秦在建立统一政权之前，仍对军训十分重视，但在一统天下之后，除加强边防，用兵的机会变得极少。为防范平民造反，便下令拆除各诸侯国的城郭，收缴天下兵器，连老百姓家的菜刀也是几家合用。虽然秦汉时期学校军训逐渐萧条，却并未废止，因为在地方学校教育中仍有军训的内容。东汉王莽执政时，每年春秋之际，经学家刘昆都会带领五百多名弟子习武，以致王莽怀疑其图谋不轨，把他及家属都关了起来，当时连民办学校都不能军训。不过由此可见，私学以传授经书为主，但也包括射御等军事训练的内容。

隋朝时更是开始"偃武修文"大力削减武力装备，国家教育重点由学武转为修文，科举也逐渐开始成为主流。唐朝在开国之初便确立了战时重武、平时重文的国策，但唐太宗李世民于贞观元年（627）曾说："朕虽以武功定天下，终当以文德绥海内。"唐朝的取士之法仍偏科举，学校沦为科举附属品，军训废止。此外，理学开始萌芽，逐渐形成重读书轻实践，重静坐轻活动的教育理念。武则天时，文武科举分开，文举不考武艺，为谋取功名，学生们无暇学习军事课程，军训渐被弃之不顾。

到了宋朝，兴文教、抑武事的政策被推向高潮，武将地位被书生士子全面赶超。宋太祖认为，武将握兵权而强，君主失军权而弱，为保赵氏江山稳固长久，必须铲除藩镇割据势力，坚持崇文抑武的国策。而且宋代程朱理学主张"内无妄思，外无妄动"，憎恶尚武之风，把习武与赌博等同，视之为无益之事，禁止学生参加。学校以科考为主，一切以中举为导向，读书人"两耳不闻窗外事，一心只读圣贤书"，军训自然废止，尚武之风偃旗息鼓。

明、清两朝开国皇帝都以武得天下，自然重视学校的军事教育，朱元璋力图在学校恢复孔子的"六艺"。他在洪武三年（1370）批示，要求国子学和县学学生都要习射，命国子监辟射圃赐诸生弓矢，并在科举考试中加试"射""骑"科目，有了考试的引导和政府对器械的投入，促进了学校军训的发展。但明、清初的学校军训终究未能从复兴走向发展，这是因为程朱理学仍是明清社会的显学。终明一代，程朱理学都受到最高统治当局的极力推崇，仍是"半日读书，半日静坐"。到了清末，清政府惨遭列强羞辱，1894 年，中日甲午战争的惨败更是让全国上下意识到了"强兵尚武"的重要性，遂又兴起一波尚武的小高潮。

1902 年，蒋百里发表《军国民教育》一文，明确提出军国民教育的实施应通过学校教育，训练学生行军、射靶、击剑、野外演习等能力。清政府于 1906 年颁布《教育要旨》，把尚武教育正式列入教育宗旨，正式颁布学校军训的办法。中华民国成立后，1912 年 1 月 19 日，颁布《普通教育暂行法》，明确规定"高等小学以上体操应注重兵式"。同年 9 月，正式将军事教育列入教育宗旨，令全国各学校注重军训。许多学校还组织了"少年义勇团"或"童子军"，借以培养学生的尚武精神和军事技能，学校军训迅速展开。然而，一战结束后，全世界兴起一股反对战争的潮流，中国的军国民教育思潮也一度衰弱。

军训概述

1919 年，一项权威调查结果表明，教育界普遍认为："现在欧战之后，军国民教育不合民本主义，已为世界公认。我国教育宗旨，亦应顺应世界潮流。"至 1920 年，全国教育联合会议把"尚武"从教育宗旨中删除。随后，

1922 年颁发的《壬戌学制》取消了“军国民教育”，学校军训又随之停滞。

军训的再度复兴是在1929年。当时，日本对中国虎视眈眈，军事教育受到空前的重视。当年 1 月，国民政府颁布了《修正高中以上学校军事教育方案》，其中规定：“凡大学、高级中学及专门学校、大学预科并其他高等以上学校，除女生外均应以军事教育为必修科目”“每年暑假期内，各校学生应受连续三星期之严格训练。”

1931 又颁布了《教育部关于高中以上学校加紧军事教育的通令》。希望通过军事训练，“锻炼学生身心涵养、纪律、服从、负责、耐劳诸观念，提高国民献身殉国之精神，以增进国防之能力。”当时，所有大学、高中等学校的男生均应以军事教育为必修科目，每年暑假进行连续三周的军训，教官则由陆军学校毕业生担任。当时的军训成绩考核极其严格，不及格的学生要随下一届学生重新训练，若至毕业时仍不及格，则不准毕业；凡高中以上学生军训不及格者，不得投考大学。抗日战争全面爆发后，全国统一的军训中断了，直到抗战胜利之后才重新开始。

二、军训的内容

队列，是军人进行集体活动时必须的组织形式，是军训学生的必修课。通过严格的单个军人队列动作、队列队形、分列式和阅兵式训练，熟练掌握单个军人队列动作和队列队形动作要领，具备自觉用条令要求规范行为举止的能力，养成良好的军旅生活习惯。

军训基本内容：稍息；立正；跨立；停止间转法；三大步伐的行进与立定；步法变换；坐下、蹲下、起立；脱帽、戴帽、敬礼；整理着装、整齐报数；分列式训练；阅兵式训练；唱军歌。

三、军训目的

军训的目的是通过严格的军事训练来提高学生的政治觉悟，增强国防意识与集体主义观念，激发爱国热情，发扬革命英雄主义精神；培养艰苦奋斗，吃苦耐劳的坚强意志和集体主义精神，培养团结互助的作风，增强集体凝聚力与战斗力；增强国防观念、组织性和纪律性，养成良好的学风和生活作风，掌握基本军事知识和技能。

四、学生军训的作用

（一）军训有助于增强中职学生的爱国主义精神和国防观念

爱国主义教育是贯穿于中职学生军训全过程的主旋律，更是军训中思想政治教育的主题。中职学生参加军训，在军事化的管理、开放的教育、软功硬做的氛围中，与有着强烈爱国之情的广大官兵朝夕相处，接受爱国主义教育，获得良好的教育效果，学生的国防观念在军训这一特殊氛围中得到提高和升华。

（二）军训培养了中职学生的良好意志品质

意志品质是指构成人意志的诸因素的总和，主要包括自觉性、果断性、自制性和坚韧性等几方面。事实证明，军训是培养学生良好意志品质的极好形式。军训培养和磨炼了中职学生勇敢、顽强、自制和坚韧不拔的优良意志品质。这种意志品质不但能有效地克服中职学生在学习、工作、生活中的难题，激励中职学生在奋发中成才，而且为他们踏上工作岗位、进入社会奠定了良好的基础。尤其是在今天这种优胜劣汰、竞争激烈的市场经济环境中，健全的意志品质成为他们正确把握人生航向，努力向理想目标迈进的必要条件。

（三）军训塑造了中职学生的集体主义精神

集体主义精神是一种巨大的精神力量，是一个民族、国家、集体实现共同理想、目标的精神支柱。团队意识是一种主动性的意识，将自己融入整个团体对问题进行思考，想团队之所需，从而最大限度地发挥自己的作用。随着生产力的发展，社会分工越来越细致，生产劳动就更加需要团结协作的精神，为了团队合作，处在社会中的每一个人都需要有服从意识。

军训有着最集中、最统一、最紧张、最严格的集体活动。在这些集体活动中，每一个中职学生都受各种纪律的约束，按各种规章制度办事，接受服从意识教育和艰苦生活的锤炼。每个学生生活在这种优良的集体中，应做到发挥团队精神，维护集体利益，不断克服不良行为和习惯，不断克服个人主义，不断塑造集体主义思想。

（四）军训有利于中职学生的专业学习

军训以其特有的方式对中职学生的专业学习发挥了积极的促进作用。其主要作用有：培养了学生锻炼身体、增强体质的自觉意识，军训时间虽短，但经过刻苦训练，身体素质发生了很大变化，学习效率得到了提高；紧张有序的军训生活节奏使学生学会了科学利用时间。

五、学生军训的意义

（一）学生军训是培养学生德智体全面发展的需要

在学生军训中，学生不仅要学习初级军官和士兵必须掌握的基本知识和基本技能，还要进行政治教育，组织学习我国革命史，了解革命先驱奋斗的道路和英雄事迹，学习党的路线、方针和政策；同时还要让学生体验军训生活，了解我国的国情和社会现实。

（二）学生军训是加强国防后备力量建设的需要

目前，我国有中等专业学校、技工学校、职业高中 2 万余所，在校学生 700 余万人，每年招收新生 400 余万人。如果他们都经过一定的军事训练，掌握一定的军事知识和军事技能，做到寓兵于民、寓兵于校，我国的国防后备力量将会更加强大。一旦战争发生，将会源源不断地满足征兵的需要，保证战争的胜利。

（三）学生军训是加强全民国防教育的需要

国防教育是全民教育的一项重要内容，也是中职学生思想政治教育的重要组成部分。历史经验表明，一个国家、一个民族的强弱兴衰与国民的国防意识强弱有密切的关系。加强全民的国防教育，首先要加强学生的国防教育，从娃娃抓起，提高他们的国防观念。通过军事训练，对中职学生进行爱国主义、革命英雄主义和人民军队的传统教育，激发他们的爱国主义热情，增强建设祖国、保卫祖国的责任感，从而推动全民国防教育的发展。

学以致用

1. 简述军训的目的和意义。
2. 谈谈你对军训的认识。

第二节 学习军事知识

习近平总书记对弘扬爱国奋斗精神做出一系列重要指示，指出爱国主义是中华民族精神的核心，爱国主义精神激励着一代又一代中华儿女为祖国发展繁荣而不懈奋斗。幸福都是奋斗出来的，社会主义是干出来的，新时代是奋斗者的时代，要把爱国之情、报国之志融入祖国改革发展的伟大事业之中、融入人民创造历史的伟大奋斗之中。习近平总书记高度赞扬以钱学森、邓稼先、郭永怀等“两弹一星”元勋和西安交通大学“西迁人”为代表的老一辈知识分子，“党让我们去哪里，我们背上行囊就去哪里”“始终与党和国家的发展同向同行”的家国情怀和奉献精神，充分肯定以黄大年、李保国、南仁东、钟扬等为代表的新时代优秀知识分子“心有大我、至诚报国”的感人事迹和爱国情怀，强调面对新的征程、新的使命，需要在知识分子中弘扬这种传统、激发这种情怀。

一、系好人生第一颗纽扣

（一）继承爱国主义的优良传统

伟大的中华民族，五千年绵绵不绝、生生不息。作为一种爱国传统，爱国主义始终以其巨大的凝聚力和向心力，维护着中华民族的独立和统一，创造了辉煌灿烂的华夏文明。

1. 热爱祖国、矢志不渝

中华民族的光辉史册上写满了刻骨铭心的爱国之情、矢志不渝的报国之志、生死不移的爱国之行。林则徐：“苟利国家生死以，岂因祸福避趋之”；陆游：“位卑未敢忘忧国”；文天祥：“人生自古谁无死，留取丹心照汗青”，都寄托了对祖国矢志不渝的热爱和一片赤诚之心。

2. 天下兴亡、匹夫有责

以天下为己任，无论身居何位，都心忧天下，关心国家的命运和民生的苦乐，自觉地把个人的前途与国家的兴衰联系起来，把爱国的思想付诸实际的行动。“先天下之忧而忧，后天下之乐而乐”的范仲淹抛下家室与韩琦一起镇守陕西，击退了西夏、契丹的侵略，保卫了国家的安全；他在“长烟落日孤城闭”的荒山野岭上，沉吟过“浊酒一杯家万里”，然而“燕然未勒归无计”，就继续留守。

3. 维护统一、反对分裂

中华民族是一个多民族的大家庭。民族团结和睦，始终是各族人民的共同心愿；维护民族团结和祖国统一，始终是各族人民的最高利益和神圣职责。在中国历史上，促进

民族团结和维护祖国统一始终是人心所向，是中国历史发展的主流。

4. 同仇敌忾、抗御外侮

中华民族是一个热爱和平的民族，但也不是一个畏惧战争的民族。在中国历史上，中华儿女共御外侮，在民族斗争中形成了誓死不当亡国奴的民族品格、共赴国难的民族意识、敢于同敌人血战到底的民族气概、勇于依靠自己的力量战胜侵略者的自强精神、善于在危难中开辟发展新路的创造精神、自觉为人类和平进步事业贡献力量的奉献精神。

（二）积极践行爱国主义精神

爱国，这个令人热血澎湃的字眼，是中华民族亘古不变的主题。从古至今，爱国主义精神深入人心，激励着无数人为了国家的强盛和民族的振兴付出了毕生精力，甚至鲜血和生命。新时代的我们必须高扬爱国情怀，奋力强国富民，才能真正捍卫国家和民族的尊严。

1. 自觉维护国家利益和祖国统一

第二次世界大战后，世界多数国家都遭受到了战争带来的严重后果，无论是战胜国还是战败国，经济停滞、文化搁浅、科技倒退、人口锐减。因此，二战之后的半个多世纪里，世界各国纷纷致力于发展本土经济和民族工业，世界局势进入了和平与发展阶段。

中国要发展，要实现繁荣昌盛，靠的是全国人民团结一致，以经济建设为中心，坚持四项基本原则，坚持改革开放。这一切的实现都是以国家利益为前提的。现阶段的爱国主义和民族精神就是要将国家利益作为一切利益的出发点，维护国家尊严，维护国家主权，把国家的安全、荣誉和利益放在高于一切的地位，把民族自尊心和自豪感体现在爱国的实际行动中，努力为提高国家经济实力、政治地位和文化发展，贡献个人的全部力量。

中国要和平，领土的完整和民族的统一是基础。中国的土地，每一寸都要插上五星红旗，中华民族的同胞，每个人都要情系九州大地。香港和澳门的回归，就是在中国人民爱好和平、呼唤和平的伟大感召下顺利实现的。践行爱国主义和民族精神就是要将祖国统一大业作为新时代青年不可推卸的责任，努力增强国防认识和国防观念，自觉维护各民族人民在每一寸土地上的根本权利，支持政府在台湾问题上的方针政策，冷静分析国际敌对势力在西藏问题上的态度，自觉为祖国统一大业献策献力。

2. 自觉维护国家尊严

国家尊严是神圣不可侵犯的，作为每一个爱国的中国人，都应该时刻把民族精神和爱国主义牢记心头，自觉维护国家尊严。现阶段，国际国内形势纷繁复杂，国际方面，中国作为社会主义阵营中的成功代表，中国的崛起，已经引起了西方世界国家的担忧，资本主义阵营借此提出“中国威胁论”等一系列狂言乱语，并在各种公开场合企图以有预谋的无主义行为诋毁我国形象、侵犯我国尊严，妄图借此破坏我国在国际交往中的形象与地位。

因此，全体公民，尤其是在校学生，应该时刻保持较高的警惕性，自觉提高自身政治觉悟和政治敏锐性，认清部分资本主义国家友好互助面具下企图通过经济输入控制我国经济命脉的丑恶嘴脸，识破敌对势力妄图挑起我国民族内部矛盾的诡计，做到“贫贱不能移，威武不能屈”；在面对国家一切外部威胁问题时，理性对待发生的一切。不搞过激行动，更加努力地工作，全力配合国家，让世界感受到中国的文明、热情、友善，谣言不攻自灭，我们要防止被那些别有用心的人利用。

3. 以振兴中华为己任

不同时期，爱国的表现也不尽相同。革命时期，陈天华以血为书，号召国人抗击沙俄是基于民族自尊；抗日时期，杨靖宇睡卧沙场、渴饮积雪、英勇抗日是基于民族独立的爱国；新中国成立初期，钱学森为报国恩，为扬国威，回国参加建设是基于民族自豪感的爱国。爱国主义和民族精神的表达会因所处环境的变化，而在形式上存在差异，但其所涵盖的深刻意义却是永恒不变的。

和平年代，中职生应当以“为中华之崛起而读书”作为自身践行爱国主义和民族精神的动力，努力学习科学文化知识，苦练技能，为参加社会主义建设打下坚实基础，牢固树立投身祖国建设的远大目标，主动担当起实现振兴中华民族伟大复兴的历史使命，努力做到立报国之志、增爱国之才、践爱国之行。

总之，学校是弘扬和培育民族精神的重要阵地。应深入发掘蕴藏在各类课程中的民族精神和时代精神教育资源，把弘扬和培育民族精神、时代精神灌注到知识传授之中，渗透到校园文化之中，贯穿到学生社会实践之中。要在中职生中大力弘扬以爱国主义为核心的团结统一、爱好和平、勤劳勇敢、自强不息的伟大民族精神，倡导一切有利于民族团结、祖国统一、人心凝聚、社会和谐的思想和精神，倡导一切有利于国家富强、人民幸福的思想和精神。引导中职生增强民族自尊心、自信心、自豪感，做到以热爱祖国、贡献全部力量建设社会、报效祖国为最大光荣，以损害社会主义祖国利益、尊严和荣誉为最大耻辱。

二、国防教育知识

国防是国家为了抵御侵略与颠覆，捍卫国家主权、领土完整，维护国家安全、统一和发展而进行的军事以及与军事相关的政治、经济、科技、文化、教育等方面的建设和斗争，是国家生存和发展的保障和维护国家政权的基石。国防观念是指一个国家和民族对国防建设的目的、内容、途径和重要性等问题的认识，它主要包括国防忧患意识、国防目标意识、国防价值意识、国防责任意识、国防法治意识和国防献身意识等。

古今中外的历史都证明了一个道理：如果没有强大巩固的国防，安全和发展就没有保障，已取得的一切成果就可能因国防的虚弱而顷刻间化为乌有。一个国家经济发展了，国防就一定强大。

新中国成立后，党和国家都清楚地认识到国防与经济发展、国家兴衰的关系。努力发展国防，取得了一系列可喜的成绩，为国家的安全、发展提供了有力的保障。今天我们要引导人民树立正确的国防观念、认识安全环境面临的威胁、强化国防观念。在我国，国防意识鲜明地反映人民对抵御外来侵略、维护国家民族根本利益的关注。国防观念是在有形、无形的国防教育中形成的。

1. 国防教育基本概念

国防是国家为防备和抵抗侵略，制止武装颠覆，保卫国家的主权统一、领土完整和安全所进行的军事活动，以及与军事有关的政治、经济、外交、科技、教育等方面的活动。

国防教育是指通过对全体公民进行一定的战争观、国家安全观、利益观以及国防知识的宣传教育，使公民增强国防观念，掌握基本的国防知识，学习必要的军事技能，激发爱国热情，自觉履行国防义务。

2. 国防教育的目的和实质

通过开展国防教育，使公民增强国防观念，掌握基本的国防知识，学习必要的军事技能，激发爱国热情，自觉履行国防义务。国防观念是人们对保障国家安全和发展所采取的防务措施的思想观点的统称，是维护国家安全和民族兴盛的重要精神因素。

3. 国防教育的方针

《国防教育法》规定我国国防教育的方针是全民参与，长期坚持，讲求实效。

4. 我国国防的职能

保卫国家主权和领土完整，维护国家的独立和尊严；保卫人民的和平劳动和幸福生活，促进国家经济建设的顺利进行；巩固国家地位，维护世界和平，为人类发展和进步做出贡献；通过国防工业、国防技术的开发及使用，促进国民经济的发展。

三、促进民族团结和祖国统一

中华民族大家庭团结和睦，始终是人心所向，国家民族的整体利益把各民族的兴衰荣辱牢牢地维系在了一起。

我们的祖国是由 56 个民族组成的大家庭，中国五千年辉煌灿烂的文明也是各民族共同创造的。民族问题历来是关乎国家存亡的核心问题，民族问题的好坏直接关乎国家的统一和领土的完整。

56 个民族中，各民族都有各自的文化传统、宗教信仰、风俗习惯，中国向全世界展现的是 56 个民族的繁荣盛事，这是因为我们党正确的民族政策的结果，我们国家为了促进民族内部的团结和民族之间的团结，在新中国成立之后，党和国家实行民族区域自治制度，一方面维护了民族团结和祖国统一，另一方面也维护了各民族的利益与权益。促进各民族共同奋斗，共同繁荣和发展，是实现全国各民族最高利益的重要保障，也是构建和谐社会、全面建设小康、促进中华民族伟大复兴的关键所在。

民族团结要以真挚的情感为纽带，民族团结了，国家才更稳定。如果说在维护民族团结、促进祖国统一的进程中，我们已经开创了各族人民共同奋斗、共同发展的局面，那么圆满解决台湾问题，实现祖国统一是各族人民的共同心声。纵观海内外，中华儿女盼望台湾回归的热浪高起，中国共产党和中国人民也以最大努力最大诚意争取和平解放的前景，然而由于外国势力的阻挠，台湾问题迟迟没有解决。外国势力插手的主要原因就是利用台湾问题牵制中国的发展。

维护统一、反对分裂是中华民族的爱国主义传统，也是新时期爱国主义的丰富内涵之一。因此，要做一个真正的爱国者，就必须尽自己所能，促进民族团结和祖国统一，这是中华民族的最高利益所在，也是我们每个人应尽的责任和义务。

第三节　刻苦参加军事训练

一、军训前心理准备

通过严格的军事训练，要提高学生的政治觉悟，激发爱国热情，发扬革命英雄主义精神，增强国防意识与集体主义观念；要培养团结互助的作风，增强集体凝聚力与战斗力；还要提高生活自理能力，培养思想上的自信和独立，帮助学生养成严格自律的好习惯，能更好更快地适应职中生活。因此，面对身心的高强度考验，物资准备固然重要，但心理准备也是不可或缺的。

（一）快速适应军事训练的集体生活

军训生活是学校生活中最独特的风景之一，容易形成人生中最纯洁、最深厚的友谊，特别是大家都为一个共同的目标而努力取得成功时，成就感和相互认可是一种宝贵的心理资产。每个人都希望自己在军训中的表现，得到教官、同学的重视和肯定，这就要求我们积极融入集体。为了在军事训练中过上良好的集体生活，学生要做好以下几点：

1. 主动与其他同学打招呼、聊天、交流，使良好的人际关系成为军训的动力；
2. 以欣赏的眼光看待周围的同学，发现他们的优势，进一步认识朋友；
3. 保持与集体相同的生活节奏，培养集体荣誉感，学会了解人与人之间的个性和观念差异；
4. 关心和帮助身边的同学，特别是同一班和同宿舍的同学；
5. 积极应对各种竞争，不骄傲自满，获得荣誉可以增强学生的自信，但如果不自信就得不到荣誉；
6. 相互理解和支持。通常进行军事训练，会因为一个或几个同学没有完成，导致全体同学必须一遍又一遍地练习它，不要在此时抱怨他们，而是互相鼓励，共同进步，高质量完成训练任务。

（二）接纳军训环境，处理好与教官及其他管理者的关系

军事训练是对每个人思想的考验，尤其是面对严格的约束和限制。如果你感到沮丧或烦躁，可以考虑用两种方式改变它：

1. 换位思考，增进理解。了解军人不同于中职生的角色，而军事训练则是体验这种身份的转变。在很大程度上，教官的严厉是为了帮助学生完成军事训练任务，并从军事训练中获益。

2. 及时沟通，坦诚交流。教官在军训中是上级，在休息时可以是朋友，在军训期间的任何感觉都可以与他们及时沟通，或与其他同学分享。如果有一些意见和想法很难让人放弃，那么教官和老师都愿意倾听并帮助你解决问题。军训中有许多沟通渠道，如果你大声说出来，你可以得到很多资源来帮助你。

（三）正确对待军事训练

军事训练过程中单纯、重复、枯燥的军事动作所造成的“皮肉之苦”和由此产生的疲劳是不容忽视的。那么，我们应该采取什么样的心态来应对军事训练和各种各样的“磨难”呢？

贝多芬说：“命运我们无法改变，改变的是对命运的态度。”我们应该保持积极的态度，以热情、积极的心态加入到军训中，把军训视为个人发展和自我完善的好机会。我们可以怀着永不放弃的精神，以乐观积极的态度去克服困难、迎接挑战，从挑战中获得有益的经验。军训，让我们放弃安逸，去面对困难，也能让我们经过十多天的磨炼，进一步了解自己、完善自己。

（四）调整军营生活带来的负面情绪

军事训练并不总是我们所期望的，在日常训练中，我们可能会感到紧张、劳累、动摇或怀疑。那么应当如何调整呢？

1. 以欣赏的眼光发现生活的美，发现军训生活的意义和价值。你可以在每天睡觉前花几分钟来冥想一天的收获。

2. 每天改变一点，让你的生活有所不同，以避免过度的单调和重复。例如，你可以看书，听音乐，写日记，计划明天要做的事情，在你休息之前向你的家人或朋友问好。

3. 积极转变消极情绪，比如每次休息的时候和朋友抱怨，在唱歌的时候大声唱歌等。有时候，当我们转移注意力，庆祝我们的集体成就和荣誉时，不好的感觉就会溜走。

4. 适当的心理暗示。当感到疲倦、无聊时给自己一些积极的心理建议，如“天气不太热”“我可以更好地坚持”等。

二、军训的注意事项

（一）思想准备

许多同学在军训前就觉得自己受不了苦，这给自己提前设置了心理障碍。要想顺利通过军训，同学们就要不怕苦不怕累，有了这样的思想准备，军训就不会那么可怕了。军训是中职学生必须经历的第一堂课。另外，如果有些同学因身体情况确实不能够参加军训，建议同学们可以待在班级的旁边，为同学们做一些力所能及的服务，这也是一种融入集体的方式。

（二）物质准备

军训的注意事项

物质方面需要同学们和家长一起准备，但由于各个学校通知书上都写得很清楚，所以，物质准备不需要花太多心思，就按通知书上要求的准备就行了。

下面这几样物品也可以准备着，以应对军训期间的不时之需。

1. 可带一些治感冒、拉肚子、跌打损伤等的药品以及清凉油等消暑药品，因为军训期间，同学们进入了新环境，难免会出现中暑、拉肚子、扭伤、摔伤等状况。

2. 可带针线，因为军训时衣服难免破了、烂了，教官可能会鼓励学生自己动手缝补。

3. 可带水杯，军训期间流汗较多，要及时补充水分。

4. 可带防晒霜，将防晒霜涂抹到裸露部位，可以防止皮肤晒伤。

（三）体能准备

军训时，体能不足是最容易出现问题的，同学们晕倒、低血糖、拉肚子、感冒的情况时有发生。中职新生在暑假里加强体能锻炼，增强体质可以有效避免这些情况的发生。由于军训期间天气炎热，训练强度大，同学们难免会出现大大小小的问题，还有两个提醒：

1. 身体不适要及时报告

军训过程中难免会出现身体不适，如中暑、拉肚子等。出现身体不适，一定不要慌张，要及时向教官、教师报告。教官和教师都不会强制你，不会要求你撑不下去还必须硬撑，硬撑是对身体的极大损害，所以，身体不适一定要报告。

2. 饮食要注意这些细节

（1）多补充水分。有同学嫌军训时上厕所麻烦，就用少喝水的方式来减少上厕所的次数，殊不知这对身体非常不好，特别是在大量排汗后，一定要多喝水，及时补充水分，以保证身体机能正常运行。

（2）不要吃太凉太咸太辣的食物，多食用水果、蔬菜。

无论男生还是女生，天气再热，也要为了身体着想，少吃太冰的食物，少喝太冰的饮料。军训是进入新校园新学期的第一个集体活动，虽然其间可能会有辛苦、有汗水，但当你经历过努力、团结、奋斗之后，你就会发现，它会成为你人生中不可忘却的一段回忆。同学们，加油！

第四章
人生之路　规划起步

三年之后，我将去哪里？我将面对什么样的职业生涯？我要选择什么样的人生道路？我该怎样做好自己的人生规划？我是否学会在每一次机会中提升自己？

人生如大海航行，职业是船，职业生涯规划就是人生的基本航线。你是否已经做好了出海远航的准备？生活中我们常常会制订各种各样的计划，而对于影响自己未来命运的职业，你是否也认真思考、规划过？你希望自己这一生成就不凡还是碌碌无为？答案肯定是前者。作为一名中职生，要如何实现这一理想呢？我们只有树立正确的职业观，学习科学的生涯规划理论，充实职业知识，增强职业意识，科学地规划自己的职业生涯，抓住每一个锻炼自己的机会，才能为成功就业创造有利条件，开始自己灿烂的职业生涯历程。

第一节　中职学习的基本方法

对于中职学校来说，学习的目标不是考试，因此，不需要按普通中学的要求，天天背书和做题，而是更强调专业动手能力，因此，以前的学习方法在中职专业课学习中不是特别适用。我们可以通过咨询专业课老师，了解一些新的学习方法。

一、认真研究教材与教学资料

在新教材发下来之后，可以不用翻看里面的具体内容，而是直接看教材的目录，从目录中寻找学习重点，制订自己的学习计划。

二、广泛学习

每一门专业都不是完全独立的，如机械、计算机、建筑等，学习这些专业都需要有一定的其他学科的基础，如工民建专业，需要学习力学、数学、计算机等，但是对这些学科的要求又不是特别深。因此，在学习基础课程时，要求“实用”“够用”即可，并不要求在基础课上学得多么精深和专业。

三、善于观察

中职学校学习的另一个特点是不用单纯地对着课本，而是经常需要观察专业仪器、设备、元件，以及设备的结构、机件的运行、试剂的反应过程等，所以在课堂上要仔细观察教师对实物的操作。

四、网络法

在学习专业课的过程中，难免会遇到各种技术问题，对于这些问题，除了向专业课教师请教外，还可以在网络中搜索相关答案。这样不但能帮助我们解决问题，提高自学的能力，也能够学习到许多课外实用知识。

五、任务学习法

许多专业都采用任务教学（项目教学），在这些教学中将看不到传统课堂，教师只是布置一些任务，你或所在小组将通过自己或小组合作来完成学习任务。这些任务也是实际工作中的一部分。

六、变被动学为主动学

以前的学习中，总是学生听教师讲。进入中职学校后，一方面要听教师讲解；另一方面，更要求学生能主动去学，自己发现问题、解决问题，只有自己能够独立解决技术问题，才能真正地掌握专业技能。

七、善于运用

在实习、实训过程中，要将学习到的专业知识运用到实际操作中去，反复训练，通过实践来理解专业知识。

学以致用

1. 如何收集学习专业技术的方法？

2. 每个专业学习的内容不一样，学习的方法也有所不同，针对你所学的专业，有哪些比较有效的学习方法？

第二节　正确面对考试

一、冷静应考

每个人刚一进入考场，都会有一种紧张的感觉，手心和头部都会冒出汗珠。这是正常的生理反应。在通览全部题目之后，发现有好几道题不会做，这时心中的压力自然会增大，有种焦急的感觉，甚至会大量流汗，心跳加快。

这时，你可以从调整你的呼吸开始，先深深地吸一口气，从口中缓缓地呼出来；再吸再呼；连续三次。这样你的思路会集中在呼吸上，而且吸进去和呼出来的空气温差给大脑一个刺激，让它逐渐“冷却”下来。然后排除“这一次一定考不好”的负面心理暗示，再进一步地去想“考试面前人人平等，我不会，别人也不一定就会做”。

其实，你完全可以在考卷发下来之前就给自己以积极的心理暗示，在全身放松的状态下心里默想“我现在精力充沛，思路清晰，对所学的知识掌握得相当不错。我要在这次考试中给同学们露一手”。

这样你的自信心会大大地增强，可以以饱满的精神状态投入到考试中。

二、先易后难

答考卷要先易后难，先做那些容易和会做的题目。遇到难题要暂时放一放，等到容易的题做完了再来“啃这块骨头”。因为，先做自己会的题目，不仅可以平静自己的心绪，获得正常的解题思路，而且不会浪费时间。

三、不留空白试卷

有的同学有一种习惯，对不会做的题目，根本就不去尝试，让试卷“清清白白”地回到老师手中。其实这不是一种好习惯，它反映了你畏惧难题、不敢尝试的心理。说得彻底一点，不敢碰难题的考生有一股惰性，不具备钻研精神，缺乏创造性的素质。因此，你一定要去积极地尝试！努力地写出证明题的每一道可能的步骤，答出分析题的某个侧面，尽量不要在试卷上留下空白，尽可能地答好每一步。

对于选择题来说，就算不会，你也可以挑一个你认为可能性大的选项。这种空白相信一般的同学都不会留。填空题就较为难办一些。而对于证明题、分析题、问答题，同学们要树立这样的信心：尽管这道题你不会做，但你总能回忆起与这道题相关的一些内容。尽可能地写上你所知道的内容，千万不要因为这道题你不能完整地解答出来，不能答出所有的内容，就一字不写。考试时要尽可能地表现自己，发挥最大的潜力。

四、检查不可忽视

检查是巩固现有成果的一种有效方法。那些由笔误出现的错字，写错的数据、年代，以及忘记做的题目等，都是可以通过检查发现并得到纠正的。

检查时，主要的方法有：

1. 注意对整个试卷的检查。监考老师有没有发错卷？你手中的试卷有没有漏版、漏题？卷面上有没有污渍、破损或印刷不清的地方？这种检查是试卷一发到手就应该做的。特别是在高考的时候。

2. 看清题目要求再下笔。有的同学连题目都没看清就急于作答，结果常是下笔千言，离题万里。有些同学将文理科的合卷中不需要做的题目也做了，或是将选做的题全做了，这是不会考试的表现，枉费时间，做无用之功。

3. 检查答案，及时纠正笔误、错字。对于理科题，如果时间允许，最好再做一遍。认真的检查是必要的，它是你获得高分的必经之路，而这又将为你的下次考试增添一分自信。

五、保持卷面整洁

保持试卷整洁很重要，因为那些字迹潦草难看，到处是圈圈或打叉的试卷，给人的第一印象是该考生素质低、思维混乱、没有自信心、缺乏解题技巧等。其次，评分人也不愿意从一大堆文字中去找答案要点。这样，对脏乱试卷的评分就会有失偏颇，分数只会低绝不会高，吃亏的只能是答题人。另外，如果字迹潦草，阅卷人完全难以辨认，考生的损失更是无法估量。而且，试卷不干净，某些模糊污迹会导致计分出错。因此，一定要保持卷面整洁，答案和解题过程要干净利索。

六、做最后一个交卷的人

提前交卷实际上是一种逃避心理，因为他不愿意在那特定的时间里再待下去，也不愿意为自己的成绩再努一把力。这一点与答卷后不检查是相似的。在没有做完，或者根本不碰难题的情况下提前交卷就更不应该，那是一种放弃，不仅得不到好成绩，而且将为下一次考试投下阴影。

有些学生提前交卷是出于一种虚荣心。有些成绩中等偏上的同学为了显示自己考试答题“又快又好”，总是尽快地答题，也不管字迹是否工整，做完后也不检查就匆匆交卷。有些成绩不好的同学也喜欢早交卷。其实，他们有很多题目不会做，但他们不想多用点时间来尽最大的努力，而是选择放弃。这些学生有这样的心理，是为了给自己留最后一点面子：虽然我考得不好，但我用的时间短，不像你们冥思苦想那么久。还有的同学提前交卷是源于从众心理。这类同学心理素质不太好，一看到其他人陆续交卷，就会心烦意乱，坐立不安，思绪难以平静，无心做完下面的试题或检查，于是便草草收场，交卷了事。有时甚至是因为看见好朋友交了卷，便急于交卷和他们去玩或回家，生怕别人嘲笑自己对考试看得这么重。这种对考试的不严肃态度更是不应该的。考场如战场，谁的耐力大，谁的韧性强，谁能坚持到最后，谁就能夺取最后的胜利。为了获得满意的成绩，做最后一个交卷的人是明智的。

七、不要忙着对答案

一些同学一走出考场，就忙着找同学对答案。出现相同的答案，自然喜欢；对于出现的错误，会感到惋惜。尤其那些不该错的简单题答错了，这时则有一种无奈和悲哀的感觉。其实，对答案并不是一种好习惯。一般而言，每次考试往往同时考几科，一科考完后还得马上复习准备迎接下一科的考试。这段时间是很宝贵的，如果总挂念、担心着上一科的成绩，必然会分散注意力，影响情绪。因此，完全没有必要因为上一科考试而干扰影响下一科考试时的心理状况。轻装上阵、一鼓作气地把全部科目考完后再对答案，这是考试期间的一种心理保养法。

八、补考并不可怕

有的同学一听不及格要补考，脸唰地一下就白了，仿佛感到了别人火辣辣的眼光，看到了那刺眼的分数，顿时有种透不过气来的可怕感觉。而有的同学也得补考，但却谈笑自如，依旧打球看电影，与同学“侃大山”。两种心态截然对立，为什么会有这么大的差距呢？关键在于人的心理差异。前者自尊心强，不爱交际，平时也没少用功，可成绩就是上不去。他心里很难过，又非常在乎教师和别人对自己的评价。相比较来说，后者的心理承受力就大得多，他把补考看得很淡，不当一回事。这种心理上的放松有一定好处。但放松不能过度。过度就意味着对成绩的好坏完全无所谓，根本不要求自己好好学习。要努力改善这种状况，争取下次能考好，自己的水平可能就不会永远保留在这种状态。如果对任何事情都持无所谓的态度，那就什么事也干不成了。

补考是一把双刃剑。一方面，它给失败者提供了机会，让他能充分发挥自己的潜力，尽量能够过关；但另一方面，它又是在依靠舆论的压力、记分方式的不同等来惩罚失败者。其本意是鼓励大家好好学习，争取考出好成绩，但由此也会导致许多心理压力产生。因此，一定要保持良好的心理状态，正确对待考试和补考。

九、试卷讲评别错过

有的同学对试卷讲评很不以为然，认为没有必要听。要知道，老师讲评试卷是一个非常好的学习机会。因为老师既熟知出题人的意图，所要求达到的标准，又了解考生们常犯的那些毛病，所以讲解起来就格外实用，能突出重点，考生听起来收获也就特别大。

更为重要的，你可以针对老师的解答思路，对照检查或修正自己的思路。经过对比的解题方法在你心中的印象更深，使你非常清晰地认识到自己的不足和学习上的盲点，这些对于你日后的学习和考试都有很大的帮助。而且，认真听好一堂试卷分析课，至少能牢牢掌握这份试卷里包含的内容。以后如果再遇到类似的问题，你就不会再犯同样的错误了。

本来，追求学习进步，提高自己的分数是件好事。把分数作为衡量自己进步的手段和标尺，是对分数的正确认识。但如果一味地唯分数是瞻，未免走向极端；为分数和名次去哭泣，更是大可不必。即使是女孩，是好学生，也不能被分数和名次缚住手脚和理智。我们学习的目的是获得知识，获得谋生与为社会作贡献的手段。大家不应为分数低而流泪，也不必那么看重名次，因为过分的虚荣将会对未来的学习和工作产生不良影响。

第三节 学习与成长

一、自尊自信

自尊，即自我尊重，指既不向别人卑躬屈膝，也不允许别人对自己歧视和侮辱，这是一种健康良好的心理。自尊自爱，首先自己爱自己，尊重自己，才会得到他人的爱护和尊重。自信，就是相信自己，是发自内心的自我肯定和认同。

自尊自信，是人生事业成功的前提和基础。自尊自信是一种对自我的关注与肯定，是一个人的快乐之源，更是成功之始。自尊自信就是要肯定自己，认同自己，就是要告诉自己“我能行”，就是要表现出自信。

二、人才观

要想将来有一份自己满意的职业，要想设计好自己的职业生涯，同学们就必须提高对人才标准的认识，树立正确的成才观。什么是人才？社会需要什么样的人才？通俗地讲，人才指的是德才兼备，才能杰出者。即具有较强的管理能力，具有较高的研究能力，具有突出的创造能力和具有精湛的技术能力的人均可称为人才。海尔集团的张瑞敏、联想集团的杨元庆是人才；著名科学家钱学森、李四光是人才；同样，工人出身的刀具大王倪志福、著名劳动模范郝建秀、金牌工人许振超、数控专家李斌也是人才。先进的科研成果，要转化为有竞争力的产品，技术工人是关键因素。从德国、日本在二战废墟上的迅速崛起，到韩国、新加坡制造业的起飞、转型和升级，都得益于有一个很好的人才链。科学家出思想，高级工程师出设计，高级技师把设计方案变成优质产品，这三个环节是促使优质产品出现的人才链，缺一不可。专家预言：21 世纪，技能型人才将严重匮乏。换言之，我国当前面临的最大压力其实是人才结构的不合理问题。

发达国家的人才结构呈橄榄形，即中间大（技能型人才），两端小（管理型人才和研发人才）；而我国的人才结构是不正常的哑铃形，即两头大（管理型人才和研发人才），中间小（技能型人才）。技能人才严重短缺，从而引发了“技工荒”。一些企业发出了“招一名技工比招一名研究生还难”的感叹。高级技工、熟练技工正在成为就业市场的“宠儿”。尽管中国制造业在世界上所占的比重越来越大，但要真正成为“世界制造业的中心”，还有不少“瓶颈”要突破，其中之一就是技工和高级技工的紧缺。

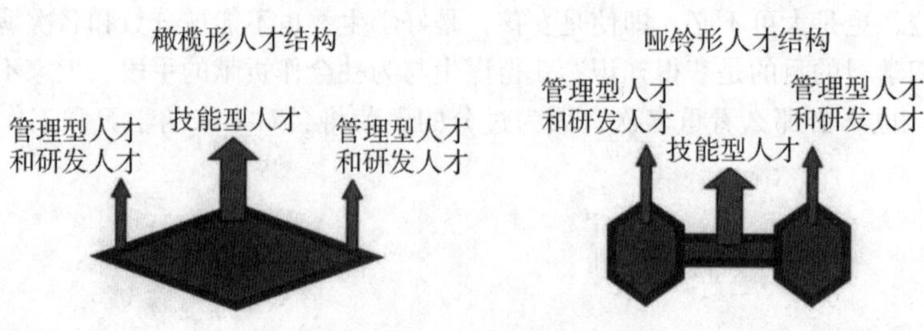

职业教育是衡量一个国家现代化的重要指标，素有“工业强国”之称的德国应该成为我国的一个借鉴。从“奔驰”汽车到“磁悬浮”列车，从“西门子”电器到日常生活用品，无不显示出德国制造的精湛技艺。这种高品质首先得益于其系统完备的职业技术教育体系。看看德国的汽车制造厂，就会知道德国技术工人本领的过硬和态度的严谨。1946 年，英国的一个代表团对德国做出了一个预言——清除战争垃圾需要 30 年的时间。然而到 1968 年，德国不仅清除了战争垃圾，还成为资本主义国家中的第二强国。因此，职业教育被德国前总理科尔称为是德国得以迅速发展的秘密武器。德国学生高中毕业后，50% 以上都直接进入企业和职业学校接受“双元制”教育培训，成为德国制造业的生力军。

再看一下我国的技能型人才构成情况，据劳动部门统计，2018 年我国的就业人员有 7.7 亿，技术工人有 1.65 亿，其中高技能人才有 4 700 多万。技术工人约占就业人员比重的 20%，而高技能人才只占 6%，这与发达国家高级工以上工人占总体数量近 40% 的水平相差甚远。一流的工人生产一流的产品，中国制造业要由大到强，技术工人是关键。目前，我国企业产品的平均合格率只有 70%，每年由此造成的损失近 2 000 亿元。同样的手表配件，在我国工厂与在瑞士工厂组装，为什么质量不一样？同样的轿车部件，国内企业的组装车为什么和进口的原装车相差甚远？技术工人短缺，制约着产品质量的提高。一线技术力量的下降，不仅导致生产质量和效益低下，还严重削弱了企业的科技成果转化能力。因此，要提升我国制造业的竞争力，培养“大国工匠”已成为企业不可或缺的核心资源。

“中国制造”离不开技工队伍的支撑，外资可以引进，先进技术可以引进，先进的管理模式可以移植，但一支有知识、能创新的高素质技术工人队伍则根本无法引进。令人欣慰的是，党的十八大以来，党中央高度重视职业教育，把职业教育摆在了前所未有的突出位置。2014 年 6 月，全国职业教育工作会议在北京召开，中共中央总书记、国家主席、中央军委主席习近平就加快发展职业教育做出重要指示，李克强总理发表讲话。会前，国务院印发了《关于加快发展现代职业教育的决定》。国务院在 2015 年决定将每年 5 月的第二周设为“职业教育活动周”。中共中央办公厅、国务院办公厅于 2018 年 3 月印发并实施《关于提高技术工人待遇的意见》。2019 年 1 月 24 日，国务院印发《国家职业教育改革实施方案》明确提出：职业教育与普遍教育是两种不同教育类型，具有同等重要地位。在 2019 年 4 月 4 日召开的全国深化职业教育电视电话会议上，李克强总理做出重要批示，孙春兰副总理出席会议并讲话。职业教育的春天终于到来了。同学们，国家对职业教育的高度重视，对高技能人才培养的高度重视是实现“两个一百年”奋斗目标、中华民族伟大复兴中国梦的必然要求。从同学们的个人角度来看，大形势、大气候给同学们提供了一个千载难逢的个人发展机遇。

三、学习条件

（一）双师型教师

双师型教师是对职业学校专业课教师的一种称呼。即职业学校的教师既要掌握教学的本领，又要精通一门专业技术，只有这样，才能把精湛的技术通过娴熟的教学手段教授给学生。因此，中职学校的专业课教师多数是从一线的相关职业中招聘的，他们实践经验丰富，专业技术过硬，同时又有教学的经验和技巧。也有人称为“双证书”教师，如工民建专业的老师通常拥有造价师、建造师、结构工程师等专业证书，同时还有教师资格证。

（二）多媒体教学

多媒体教学是现代教学不可缺少的一部分。对于中职学校来说，更是教学的一个重要帮手。因为许多专业都要学习一些设备、仪器，如果只是对照课本的文字描述，学生很难有一个直观的认识，借助多媒体教学，通过图片、视频、动画等，就能形象生动地学习专业知识。

（三）图书馆

图书馆也是中职学校的重要资源。中职学校图书馆中的图书与其他普通中学不同。一是中职学校的图书馆拥有丰富的课外阅读报纸、杂志和图片，包括新闻、娱乐、体育、计算机等。二是中职学校的图书以服务于同学们的专业学习为中心，每个专业都能在图书馆中找到属于自己专业的报纸和杂志，通过这些最新的报刊，同学们可以学习到课本所没有的最新专业知识、了解最新的专业动态。

（四）微机室

微机室俗称机房，是学生学习计算机知识的地方。在中职学校，学生在微机室学习计算机基本操作，如 Office 2010 的操作；学习各种专业工具，如 Photoshop、3ds MAX、AutoCAD 等，这是以后工作时必不可少的技能。

（五）体育场馆

除了体育课所需要的各种体育设施外，还包括课余时间供学生娱乐和健身的各种设施，如篮球场、足球场等。

（六）文化活动场所

在辛苦而充实的学习生活之余，同学们可以开展丰富多彩的文体活动，如各种运动会、个人演唱会、情景剧表演，参与各种校内外组织的汇报、表演等。同学们也可以参加各种社团组织，利用学校的各种场所、设施组织各种活动。

（七）实训实习基地

在学习过程中，同学们需要到实训基地、合作企业参加真实的工作，在实训基地或合作企业中，同学们将看到真实的工作环境，操作各种真实的设备，生产出同样的产品。这是将专业知识转化为实际工作能力的关键一步。

学以致用

如何将学校的各种学习资源纳入到自己的学习规划中？

四、学业的提升

（一）高职单独招生统一考试

高职单独招生统一考试是各省市（自治区）教育委员会、教育考试院组织的，合格的中等职业学校（含普通中专、成人中专、职业高中、技工学校）毕业生和具有同等学历的考生参加的选拔性考试。高职院校根据考生成绩，按已确定的招生计划，德、智、体全面衡量，择优录取。

1. 报名条件与办法

各省市（自治区）教育考试院每年出台《高等职业学院招生实施办法》，明确高职单独招生统一考试的报名条件，包括政治、学历、健康状况等方面的条件，部分省市（自治区）会设置户籍方面的报名条件。

按照各省市（自治区）教育考试院的要求，考生在区县（自治县）教育考试院设置的报名点，在规定的时间内报名。报名时必须交验符合报考条件的相关材料，填写《高等职业教育招生考生报名信息卡》和《高考学生综合信息表》，参加电子摄像，签署《考生诚信承诺书》并按规定缴纳报名考试费及进行体检。

2. 考试内容

每年年初，各省市（自治区）教育考试院会根据本省市（自治区）中等职业学校毕业生参加高职单独招生统一考试要求，结合本省市（自治区）中等职业学校的实际情况，制定有关课程的《考试大纲》，供考生复习备考。考试科目一般包括语文、数学、英语、职业技能测试。

除了统一招生考试的情况外，根据考生的学习情况以及在中等职业学校的表现情况，部分优秀应届毕业生会获得优先推荐到试点高职学院的学习机会。考生还可以选择参加各省市（自治区）部分试点高职学院自主进行的单独招生考试。如果以这两种方式升入高职院校，考生不需要参加高职单独招生统一考试，只需要参加试点院校组织的综合能力测试笔试、面试、实操能力测试，试点院校按照已确定的招生章程进行录取。

3. 考试形式

高职单独招生统一考试的考试形式是闭卷，笔试。

4. 考试时间

由于部分省市（自治区）实施高职单独招生统一考试方案或科目设置不同，所以高职单独招生统一考试的开始与结束时间不一。具体考试时间安排可关注各省市（自治区）教育考试院当年出台的《高等职业学院招生实施办法》。

5. 计分办法

语文、数学、英语各 150 分，专业综合课 300 分，总分 750 分。

（二）升学专业

1. 高职学院招收专业

在《中等职业学校专业目录》（修订版）未颁布之前，原《目录》所列举的专业大类都能与高职学院设置的专业成功对接。以重庆市为例，高职学院招生专业大类包括艺术类、艺术服装类、种植与养殖类、建筑类、财经类、电子类、机械类、涉外与旅游类、公关文秘类、医药与卫生类、计算机类。根据高校每年的招生计划，部分专业大类设置职教师资（本科），其余为专科。

每一专业大类下涵盖的小专业如下：

艺术类：编导、音乐表演、音乐教育、舞蹈表演、主持与播音。

艺术服装类：环境艺术设计、视觉传达艺术设计、影视动画、广告设计与制作、电脑艺术设计、产品造型设计、装潢艺术设计、装饰艺术设计、动漫设计与制作、影视多媒体技术、服装设计、人物形象设计。

种植与养殖类：畜牧兽医、园林技术。

建筑类：建筑设计技术、建筑工程技术、建筑装饰工程技术、建筑工程管理、道路桥梁工程技术、园林工程技术、水利水电建筑工程、工程造价、室内设计技术、给排水工程技术、园林技术。

财经类：金融保险、会计电算化、电子商务、金融与证券、物业管理、物流管理、计算机信息管理、经济信息管理、国际商务、商务管理、工商企业管理、报关与国际货运、市场营销、营销与策划、连锁经营管理、传媒策划与管理、房地产经营与估价资产评估与管理、市场商务经济与代理、财务管理、会计与审计、会计与统计核算、审计实务、统计实务，保险实务。

电子类：电气自动化技术、电子信息工程技术、电子声像技术、信息安全技术、应用电子技术、微电子技术、电子测量技术与仪器、电子信息科学与技术、影视多媒体技术、通信技术、移动通信技术、通信网络与设备、通信系统运行管理、广播电视网络技术、程控交换技术、机电一体化技术、汽车电子技术、机电设备维修与管理、飞行器制造工艺、发电厂及电力系统。

机械类：模具设计与制造、机械设计与制造、机械制造与自动化、工程机械运用与维护、生产过程自动化技术、数控技术、汽车制造与装配技术、汽车检测与维修技术、汽车电子技术、机电一体化技术、电气自动化技术、计算机辅助设计与制造、计算机控制技术、化工设备维修技术。

涉外与旅游类：旅游管理、导游、旅游英语、涉外旅游、涉外事务管理、餐饮管理与服务、酒店管理、国际商务、电子商务、商务英语、报关与国际货运。

公关文秘类：文秘、新闻采编与制作、出版与发行、会展策划与管理、现代殡仪技术与管理、传媒策划与管理、电子商务、影视广告、公共事务管理、人力资源管理、社会工作、工商企业管理、房地产经营与估价、物业管理。

医药与卫生类：生物制药技术、药物制剂技术、药品质量检测技术、临床医学、医学检验技术、口腔医学技术、卫生信息管理、医学影像技术、中医学、中医骨伤、针灸推拿、社区康复、康复治疗技术、护理、助产、药学、医疗美容技术、医药营销。

计算机类：计算机科学与技术、计算机应用技术、计算机控制技术、计算机系统维护、计算机信息管理、计算机网络技术、计算机多媒体技术、计算机辅助设计、计算机通信、图形图像技术、信息安全技术、软件技术、计算机艺术设计、动漫设计与制作、广告设计与制作、装潢艺术设计、电子信息工程技术、环境艺术设计。

2. 中等职业学校开设专业

根据中华人民共和国教育部2018年12月颁布的《中等职业学校专业目录》（征求意见稿）规定，中职学校现有19个专业大类，涵盖353个专业。19个专业大类分别是农林牧渔类、资源环境类、能源与新能源类、土木水利类、加工制造类、石油化工类、轻纺食品类、交通运输类、信息技术类、医药卫生类、生活服务类、财经商贸类、旅游服务类、文化艺术类、体育与健身类、教育类、司法服务类、公共管理与服务类、其他类。专业技能方向920个。

各专业大类下涵盖了数量不等的小专业，如农林牧渔类包括设施农业生产技术、现代农艺技术、休闲农业经营等34个专业；土木水利类包括建筑工程施工、建筑装饰、古建筑修缮与仿建等25个专业；加工制造类包括钢铁冶炼、机械加工技术、数控技术应用等38个专业。

教育部同时在《关于〈中等职业学校专业目录（征求意见稿）〉的研制说明》中指出，近年来，随着经济社会发展、产业转型升级和职业教育自身的改革发展，对中等职业学校专业设置提出了新的更高的要求。《征求意见稿》基本原则有：一是突出适应性，主动服务制造强国、“互联网+”、“一带一路”建设行动和现代服务业提质扩容等，主动适应经济社会变革和产业转型升级对中等层次技术技能人才的新需求；二是注重针对性，对接《职业分类大典（2015版）》《战略性新兴产业分类（2018）》及最新颁布的《产业结构调整指导目录》等，对接目标岗位群和职业能力要求；三是强调系统性，适应构建现代职教体系的要求，注意把握同一专业在中职层与高职、本科的区别与衔接；四是关注发展性，坚持宽窄结合，立足现实着眼未来，增设适应战略性新兴产业需求的新专业或将部分专业方向调整升格为新专业。新版目录（征求意见稿）主要具有以下特点：一是服务国家战略和产业转型升级发展需要增设新专业；二是适应职业岗位变化，淘汰或调整“僵尸”专业；三是适应职业岗位变迁，调整专业定位与内涵。在教育部的统筹安排下，中等职业学校所设置的专业必定会更丰富、更具有时代性。

知识拓展

世界技能大赛获奖的职校生可保送本科

2020年4月，教育部办公厅发布《关于做好有关高校保送录取世界技能大赛获奖选手工作的通知》。《通知》称，凡在世界技能组织主办的“世界技能大赛（World Skills Competition）”中获奖的中国国家代表队选手且符合相关条件者，具备保送至高校深造的资格。

保送资格需要具备的相关条件为：符合有关省（区、市）高考报名条件的中职毕业生，可保送至高校相应的高职或本科专业；符合有关省（区、市）专升本报名条件的高职毕业生，可保送至高校相应的本科专业；中职或高职在校生在其应届毕业当年获得保送资格；保送录取本科专业的高校限本科层次职业学校和应用型普通本科高校。

通知明确保送程序。

——申请：具有保送资格的中职毕业生须在其所在省（区、市）参加高考报名，向有关高校提出保送申请。具有保送资格的高职毕业生须在其所在省（区、市）参加专升本报名，向有关高校提出保送申请。

——考核：有关高校对申请保送的获奖学生进行资格审核，并根据学校选拔要求组织相关综合考核，免技能考核。对申请攻读本科专业的中职毕业生，高校须增加文化课考核，确保学生具备接受高等教育的基本文化要求。

——录取：高校根据综合考核成绩确定拟录取保送生名单，在本校招生网站和我部“阳光高考”信息平台进行公示。经公示无异议的学生，高校联系有关省级教育行政部门或招生考试机构办理录取手续。

——培养：高校对录取的高职毕业生，可参照专升本学生培养方案，合理设置学制。

通知提出，加强报名资格审核。各高校要根据人力资源社会保障部公布的参赛选手获奖信息，结合选手高考或专升本报名信息，进行资格审核，严防冒名顶替现象发生。

此外，严格规范录取专业。高校应根据拟保送录取学生的专业、技能特长及参赛项目，安排至相同或相近的专业。相关专业计划纳入高校经主管部门核准备案的年度招生计划内。

同时，严格规范录取程序。未经公示的考生一律不得被录取，不予学籍注册。已确认保送录取的学生不再参加普通高校其他招生方式录取。通知还强调，要严肃处置违规招生行为。对在保送考核和录取中的违规违法行为，要依据《中华人民共和国教育法》以及《普通高等学校招生违规行为处理暂行办法》（教育部令第36号）等有关规定，严肃处理。

榜样故事

职校生进清华当老师

王佐是来自平谷乡间的一位普通男孩，初中毕业时，出于对未来就业的考虑，他放弃了读普通高中的机会，而选择了从业面较广的北京电子科技职业学院机电一体化专业，后来为弥补遗憾选择深造。

大专时，王佐选择的仍是机电一体化专业，“我从来就没有考虑过换专业，只有长期、系统的学习才能真正精通一门学问。我一直认为‘通百才，不如专一门’，以后我要靠这一门手艺‘吃饭’呢。”而中专时的遗憾，王佐也在大专时完满弥补了，“大一的时候，在北京市机电比赛中，我们团队获得了二等奖的成绩；大二时，我们以北京市一等奖的名次入选全国比赛，在全国比赛中我们也获得了二等奖……比赛的结果并不是最重要的，最重要的是在比赛的过程中，我学到了许多平时在课堂上没法学到的实践知识和临场经验”，王佐总结说。

出乎意料当上“大学老师”

一转眼，七年的学习生涯已到尽头，王佐面临着毕业、就业的考验。就在经历了第一次面试失败的心理调整期，机会敲开了王佐的房门。由于性格乐观、技术纯熟，王佐被院系的老师推荐到了北京吉利大学担任数控和车床两门实践课程的指导教师。“这我可万万没想到啊。”王佐开玩笑说。一直以来，他对自己将来的职业定位都是做一个操作工人，当一个“蓝领”。当上老师、教书育人，让他既惊喜又忐忑。

刚开始的一个月里，王佐还真有点“问心有愧”，刚毕业，自己还是一身学生气，哪有教书的经验，怎么带学生？这时候，母校院系里的各位“大神级”老师们纷纷发话，“佐儿，刚参加工作不容易，有什么不会的随时发问，我们随时作答。”吃下了这颗“定心丸”，王佐开始在工作中发奋积累经验，遇到不懂的积极提问，努力改变“新兵上阵”的生涩和尴尬。“最开始的一个多月特别辛苦，每天上午下午地上课，授课时长超过14个小时。早上7点来到学校，晚上8点才能回到宿舍。”那段时间，王佐平时不敢开腔说话，嗓子都是哑的。经过一个月的琢磨、切磋，王佐提高了教学的水平，终于成为一个站在讲台上无愧于心的老师。

一年半下来，王佐教过的学生多达数百人，不少都成了贴心的好朋友。“有时，中午课间我在教室闭目休息，就会听到吃过午饭的同学们之间互相叮嘱：‘小声点儿，佐佐太累了，让他好好睡一会儿。’”

挑战自我来到名校清华

2013年，王佐突然接到母校北京电子科技职业学院校领导的电话，叫他回校一趟。一见面，院长问他：“想不想挑战一下自己？”王佐斩钉截铁地回答：“想！”院长卖了个关子又问：“想不想去世界名校工作？”“想！”院长再次直接发问：“想不想去清华大学工作？”王佐却没说话，当时他的心里别提多激动了：“我能不想吗？我是连想都没敢想！”原来，由于性格善良、经验丰富，学校把他作为优秀毕业生推荐给了正在求贤的清华大学基础工业训练中心做实训指导教师。

数字铣床、数字车床、3D打印、三坐标测量……努力的王佐是单位里持有上岗证最多的那个人，他指导过的学生至今不下千人。尤其是暑假的这个“小学期”，给同学们介绍3D打印、为同学们修改设计稿、帮同学们实现创意想法……此时正是王佐和同事们最忙碌的时候。

清华是名校，学生们既有想法又有性格。职校毕业的王佐站在讲台上却一点都不发怵，“术业有专攻，在机电一体化专业方面我力图学到最深入、教得最详尽。”十年来，王佐不改初衷，从来没有放弃对专业的热爱和探索。“既然学生们叫你一声‘老师’，你就要把这声‘老师’做值了！”王佐说，自己做到了对每一个学生都问心无愧，并将一直坚持下去。

资料来源：https://www.sohu.com/a/25005079_105067，内容有删减

第四节 职业与专业

一、职业概述

（一）职业的重要性

职业是我们谋生的手段，是发展自己个性的场所，同样也是毕业生为社会作贡献、实现社会价值的途径。职业生活占据了人生的大部分时间，是人生最宝贵的光阴。中职生求职择业是人生必经的一个门槛，要跨过这个门槛，中职生充分认识、理解相关职业的知识是十分必要的。

1. 职业是劳动者主要的谋生手段

人类的生存必然离不开衣食住行等方面的生活资料，而取得这些生活资料必须要通过人们的劳动，通过劳动取得相应的报酬，报酬就成为劳动者及家庭成员生存和发展的主要经济来源。因为劳动者的职业岗位不同，劳动的复杂程度不同，劳动的科技含量也不同，所获得的劳动报酬也就不同。劳动者通过职业，不仅要求得生存，还要求得发展，为了工作而要努力学习，使自己的业务能力不断提高，在工作中取得更大的成绩，为社会做出应有的贡献。

2. 职业实现人的个性发展

一种每个人都期望自己的一生有所作为的愿望是劳动者对人生价值的追求，而人生价值的实现，则离不开职业活动。通过职业活动，劳动者的智力、能力、素质能够得到充分的发挥，生理和心理方面也得到不断地完善，从而形成比较完美的个性。通过职业，人们获得一定的社会角色和地位，用自己的聪明才智为社会建设做出贡献。劳动者为社会创造的物质财富和精神财富越多，社会给予的回报就越多，人生价值的实现就越能得到充分的体现。

（二）职业分类

职业分类是指以工作性质的同一性为基本原则，对社会职业进行的系统划分与归类。在不同的国家和地区，在经济和社会发展的不同阶段上，职业分类也不尽相同。1999 年，我国首次颁布了《中华人民共和国职业分类大典》。经过修订，2015 年最新版将我国的职业分类分为四个层次（表 4–1），包括 8 个大类、75 个中类、434 个小类、1 481 个细类。细类为最小类别，即职业。

职业的特征

表 4-1　我国的职业分类

大类				细类
序号	名称	中类	小类	（职业）
一	党的机关、国家机关、群众团体和社会组织、企事业单位负责人	6	15	23
二	专业技术人员	11	120	451
三	办事人员和有关人员	3	9	25
四	社会生产服务和生活服务人员	15	93	278
五	农、林、牧、渔业生产及辅助人员	6	24	52
六	生产制造及有关人员	32	171	650
七	军人	1	1	1
八	不便分类的其他从业人员	1	1	1
合计		75	434	1481

请大家上网查阅《中华人民共和国职业分类大典》，找一找自己感兴趣的职业，找一下自己所学专业对应的职业群。

（三）职业的分层

职业地位既是现实的，也是发展的。一般人们都愿意选择职业声望高、职业环境好、职业功能大和职业要求高的职业或者是从职业声望较低的职业流向职业声望较高的职业。在美国广泛流行的理查德·赛特的职业地位分层，将职业地位由低到高依次分为7个层次，如下表4-2所示。

表 4-2　理查德·赛特的职业地位分层

职业层级	职业技能和素质要求	相关职业
非熟练体力劳动者	在技术和责任方面要求最低	清洁工、搬运工、擦鞋工等
半熟练体力劳动者	以体力劳动为主，技术要求不高	售货员、服务员、汽车司机、机器操作工等
熟练体力劳动者	具有一定技能的体力劳动者	印刷工、火车司机、厨师、理发师等
白领工人	各类职员和技术人员	图书管理员、打字员、推销员、制图员等
小企业所有者和经营者	具有一定的管理技能	修理业主、服务业主、小零售商、小承包商及其他一切非农产所有者
专业人员	具有相关专业知识和技能	工程师、作家、艺术家、法官、编辑、医生、教师等
工商业者	具有丰富的经营管理经验	大产业主、大工商企业家等

二、专业技能的提升

（一）职业资格

职业资格是对从事某种职业所必备的学识、技术和能力的基本要求。职业资格包括从业资格和执业资格。从业资格是从事某一专业（工种）的学识、技术和能力的起点标准。执业资格是指政府对某些责任较大、社会通用性强，关系公共利益的专业（工种）实行准入控制，是依法独立开业或从事某一特定专业（工种）的学识、技术和能力的必备标准。

职业资格是一种综合的能力，包括从事某种职业所需要的生理和心理素质、思想品质、职业道德、职业知识、技能和技巧，也包括从事某种职业所必需的实践经验等。这种对职业资格的要求，从古至今都存在，现在已成为一种国家行为。政府的劳动部门运用科学手段，通过对全社会就业人员所从事的各类职业的分析与研究，按不同的性质和活动方式、技术要求及管理范围进行系统的划分和归类。各类职业资格证书是社会按一定的职业规格和标准，对劳力质量进行考核和评价后，对社会劳力供给者拥有的劳力产权和质量的认定，是反映劳动者具备从事某种职业所必备的专门技能和知识的证明。

职业资格制度的重要意义在于：首先，它选拔和培养了一大批市场经济所需要的专业人才，并提高了从业人员的业务素质、职业道德水平和参与市场竞争的能力；其次，它促进了有关行业管理体制的改革，规范了市场经济秩序；再次，它推动了中国人才管理制度与国际接轨。总之，职业资格制度是一个进步，因为它遵循的是所有职业向所有劳动者开放的原则，就业岗位的获得取决于个人能力。

（二）国家职业资格证书制度的基本内容

国家职业资格证书制度是指按照国家职业标准，通过政府认定的考核鉴定机构，对劳动者的技能水平和从业资格进行评价和认证的国家证书制度。《劳动法》第八章第六十九条规定："国家确定职业分类，对规定的职业制定职业技能标准，实行职业资格证书制度，由经过政府批准的考核鉴定机构负责对劳动者实施职业技能考核鉴定。"《职业教育法》第一章第八条明确指出："实施职业教育应当根据实际需要，同国家制定的职业分类和职业等级标准相适应，实行学历文凭、培训证书和职业资格证书制度。"这些法规确定了国家推行职业资格证书制度的法律依据。

职业资格证书是反映劳动者具备某种职业所需要的专门知识和技能的证明。它是劳动者求职、任职、开业的资格凭证，是用人单位招聘、录用劳动者的主要依据，也是境外就业、对外劳务合作人员办理技能水平公证的有效证件。职业资格证书与职业劳动活动密切相连，反映特定职业的实际工作标准和规范。

大学毕业生除了应获得本专业的毕业证书以外，还应该对与本专业相关的职业资格有所了解。此外还有一些与此专业对应的资格证书，包括注册会计师证、资产评估师证等，这些都是今后能否具有执业资格的证明；还有专业技术职务证书，如助理会计师、会计师、高级会计师，这是专业水平的体现；还有跨职业的能力水平证书，如外语、计算机、普通话和汽车驾驶证等，这些都是与提高求职成功率有关的证书。

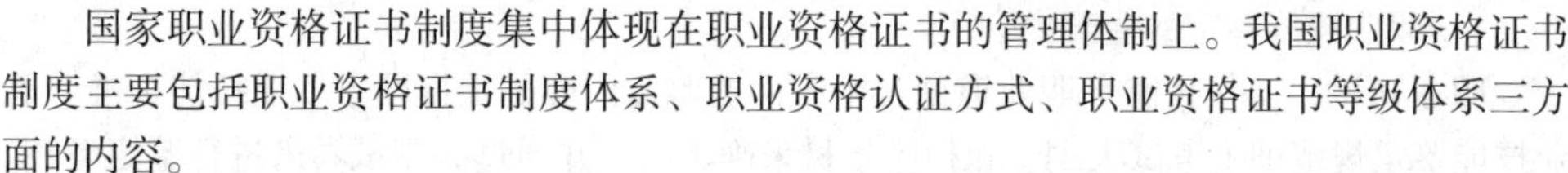

国家职业资格证书制度集中体现在职业资格证书的管理体制上。我国职业资格证书制度主要包括职业资格证书制度体系、职业资格认证方式、职业资格证书等级体系三方面的内容。

1. 职业资格证书制度体系

职业资格证书制度是国家证书制度的一个重要组成部分，它通过国家法律、法令或行政条规的形式，以政府力量来推行，由政府认定和授权的机构来实施。

2. 职业资格认证方式

我国现在实行的是现代第三方认证方式。所谓第三方认证是由独立于供给和需求双方的第三方，即由政府授权的独立鉴定机构对劳动者的职业技能做出认证。

3. 职业资格证书等级体系

社会上的许多职业都有各自的职业资格证书，如教师职业资格证书、医师资格证书等。根据本职业的特殊需要对从业人员提出一定的要求，达到相应要求才能取得职业资格证书，从事相关行业的工作。各种职业资格证书都根据不同的水平设立一定等级，体现了劳动者职业技术水平的差异。

例如，根据劳动和社会保障部制定的《国家职业标准制定技术规程》的规定，国家职业资格分为五个等级，从高到低依次为高级技师、技师、高级技能、中级技能和初级技能。各等级的具体标准如下：

国家职业资格五级（初级技能）：能够运用基本技能独立完成本职业的常规工作。

国家职业资格四级（中级技能）：能够熟练运用基本技能独立完成本职业的常规工作；特定情况下，能够运用专门技能完成较为复杂的工作；能够与他人进行合作。

国家职业资格三级（高级技能）：能够熟练运用基本技能和专门技能完成较为复杂的工作，包括完成部分非常规性工作；能够独立处理工作中出现的问题；能指导他人进行工作或协助培训一般操作人员。

国家职业资格二级（技师）：能够熟练运用基本技能和专门技能完成较为复杂的、非常规性的工作；掌握本职业的关键操作技能技术；能够独立处理和解决技术或工艺问题；在操作技能技术方面有创新；能组织指导他人进行工作；能培训一般操作人员；具有一定的管理能力。

国家职业资格一级（高级技师）：能熟练运用基本技能和特殊技能在本职业的各个领域完成复杂的、非常规性的工作；熟练掌握本职业的关键操作技能技术；能够独立处理和解决高难度的技术或工艺问题；在技术攻关、工艺革新和技术改革方面有创新；能组织开展技术改造、技术革新和进行专业技术培训；具有管理能力。

（三）职业技能鉴定

《劳动法》第八章第六十九条规定：“国家确定职业分类，对规定的职业制定职业技能标准，实行职业资格证书制度，由经过政府批准的考核鉴定机构负责对劳动者实施职业技能考核鉴定。”职业技能鉴定是一项基于职业技能水平的考核活动，属于标准参照型考试。它是由考试考核机构对劳动者从事某种职业所应掌握的技术理论知识和实际操作能力进行客观的测量并作出客观的评价。职业技能鉴定是国家职业资格证书制度的重要组成部分。

1. 职业技能鉴定的主要内容

职业知识、操作技能和职业道德三个方面的鉴定内容是根据国家职业技能标准、职业技能鉴定规范即（考试大纲）和相应教材来确定的，并通过编制试卷来进行鉴定考核。

2. 职业技能鉴定方式

职业技能鉴定分为知识要求考试和操作技能考核两部分。知识要求考试一般采用笔试，技能要求考核一般采用现场操作加工典型工件、生产作业项目、模拟操作等方式进行。计分一般采用百分制，两部分成绩都在 60 分以上为合格，80 分以上为良好，95 分以上为优秀。

3. 申报职业技能鉴定的要求

参加不同级别鉴定的人员，其申报条件不尽相同，考生要根据鉴定公告的要求，确定申报的级别。一般来讲，不同等级的申报条件为：参加初级鉴定的人员必须是学徒期满的在职职工或职业学校的毕业生；参加中级鉴定的人员必须是取得初级技能证书并连续工作 5 年以上或是技工学校以及其他职业学校毕业生；参加高级鉴定的人员必须是取得中级技能证书 5 年以上、连续从事本职业（工种）生产作业不少于 10 年或是经过正规的高级技工培训并取得了结业证书的人员；参加技师鉴定的人员必须是取得高级技能证书、具有丰富的生产实践经验和操作技能特长、能解决本工种关键操作技术和生产工艺难题、具有传授技艺能力和培养中级技能人员能力的人员；参加高级技师鉴定的人员必须是任技师 3 年以上，具有高超精湛技艺和综合操作技能，能解决本工种专业高度生产工艺问题，在技术改造、技术革新以及排除事故隐患等方面有显著成绩，而且具有培养高级工和组织带领技师进行技术革新和技术攻关能力的人员。

（四）就业准入

所谓就业准入是指根据《劳动法》和《职业教育法》的有关规定，对从事技术复杂、通用性广、涉及国家财产、人民生命安全和消费者利益的职业（工种）的劳动者，必须经过培训，并取得职业资格证书后，方可就业上岗。根据国家有关规定，对初高中毕业的青年实行全面的就业准入控制。实行就业准入的职业范围由劳动和社会保障部确定并向社会公布。多年来，各地、各有关部门认真执行有关规定，加强职业培训和技能鉴定工作，对提高劳动者素质，促进就业起到了积极作用。

目前，劳动和社会保障部依据《中华人民共和国职业分类大典》确定了实行就业准入的 66 个职业目录。分别是：

1. 生产、运输设备操作人员及有关人员

车工、铣工、磨工、镗工、组合机床操作工、加工中心操作工、铸造工、锻造工、焊工、金属热处理工、冷作钣金工、涂装工、装配钳工、工具钳工、机修钳工、汽车修理工、摩托车维修工、锅炉设备安装工、维修电工、电子计算机维修工、手工木工、精细木工、贵金属首饰手工制作工、土石方机械操作工、砌筑工、混凝土工、钢筋工、架子工、防水工、装饰装修工、电气设备安装工、管工、汽车驾驶员、起重装卸机械操作工、音响调音员、纺织纤维检验工、贵金属首饰钻石宝玉石检验员。

2. 农林牧渔水利业生产人员

动物疫病防治员、动物检疫检验员、沼气生产工。

3. 商业、服务业人员

推销员、中药购销员、鉴定估价师、医药商品购销员、中式烹调师、中式面点师、西式烹调师、西式面点师、调酒师、保健按摩师、职业指导员、物业管理员、锅炉操作工、美容师、美发师、摄影师、眼镜验光员、眼镜定配工、家用电子产品维修工、家用电器产品维修工、钟表维修工、办公设备维修工。

4. 办事人员和有关人员

秘书、计算机操作员、话务员、用户通信终端维修员。

第五节 职业生涯规划

一、树立目标，实现目标

（一）职业生涯目标的确立

1. 职业生涯目标概念

职业生涯规划

职业生涯目标是指个人在选定的职业领域内，未来想要达到的具体目标。设立生涯目标是个人职业规划的首要内容。整个生涯规划，就是围绕着一系列的大小目标展开，没有目标就构不成规划。

2. 职业生涯目标设置的原则

目标的制订是否科学、合理，对目标能否顺利实现具有非常重要的意义。在确定生涯发展目标时，可以运用SMART目标管理方法，对该目标的可行性进行分析、判断和评估（见表4–3）。

表4–3 SMART目标管理方式表

SMART准则	内容解释
明确性（Specific）	明确具体而不空泛，便于比照，能揭示实质与核心
衡量性（Measurable）	量化的，可用某种尺度进行衡量的
可达成性（Attainable）	难度适中，要求在可以实现的范围内具有挑战性
相关性（Relevant）	本目标的达成一定是为了实现其他目标
时限性（Time–bound）	决定一个合理的时间段，然后执行，限期完成

成功的职业规划，在方向明确后，最需要的是科学管理。

目标管理和自我控制，曾被公认为是管理学家彼得·德鲁克博士对管理实践的最主要贡献。美国前总统布什将2002年的“总统自由勋章”授予彼得·德鲁克时，就曾提到他的三大贡献之一就是目标管理。彼得·德鲁克博士的目标管理精髓就在于制定目标体系过程中要遵循SMART的五原则。我们认为目标管理者五个原则其实也是职业规划的五原则，只不过目标是一个人的职业。

（1）S（Specific）——明确性。

所谓明确就是要用具体的语言清楚地说明要达成的行为标准。明确的目标几乎是所有成功团队的一致特点。很多团队不成功的重要原因之一就是因为目标定得模棱两可，或没有将目标有效地传达给相关成员。

示例：目标——“增强客户意识”。这种对目标的描述就很不明确，因为增强客户意识有许多具体做法，如：减少客户投诉，过去客户投诉率是 3%，现在把它减低到 1.5% 或者 1%。提升服务的速度，使用规范礼貌的用语，采用规范的服务流程，也是客户意识的一个方面。

有这么多增强客户意识的做法，我们所说的“增强客户意识”到底指哪一块？不明确就没有办法评判、衡量。所以建议这样修改，比方说，我们将在月底前把前台收银的速度提升至正常的标准，这个正常的标准可能是两分钟，也可能是一分钟，或分时段来确定标准。

实施要求：目标设置要有项目、衡量标准、达成措施、完成期限以及资源要求，使考核人能够很清晰地看到部门或科室月计划要做哪些那些事情，计划完成到什么样的程度。

（2）M（Measurable）——衡量性。

衡量性就是指目标应该是明确的，而不是模糊的。应该有一组明确的数据，作为衡量是否达成目标的依据。如果制定的目标没有办法衡量，就无法判断这个目标是否能实现。比如领导有一天问“这个目标离实现大概有多远？”团队成员的回答是“我们早实现了”。这就是领导和下属对团队目标所产生的一种分歧。原因就在于没有给他一个定量的可以衡量的分析数据。但并不是所有的目标都可以衡量，有时也会有例外，比如说大方向性质的目标就难以衡量。例如，“为所有的老员工安排进一步的管理培训。”进一步是一个既不明确也不容易衡量的概念，到底指什么？是不是只要安排了这个培训，不管谁讲，也不管效果好坏都叫“进一步”？

改进一下：准确地说，在什么时间完成对所有老员工关于某个主题的培训，并且在这个课程结束后，学员的评分在 85 分以上，低于 85 分就认为效果不理想，高于 85 分就是所期待的结果。这样目标就变得可以衡量。

实施要求：目标的衡量标准遵循“能量化的量化，不能量化的质化”。使制定人与考核人有一个统一的、标准的、清晰的、可度量的标尺，杜绝在目标设置中使用形容词等概念模糊、无法衡量的描述。

（3）A（Attainable）——可接受性。

目标是要能够被执行人所接受的，如果上司利用一些行政手段，利用权力性的影响力一厢情愿地把自己所制定的目标强压给下属，下属典型的反映是一种心理和行为上的抗拒：我可以接受，但是否完成这个目标，有没有最终的把握，这个可不好说。一旦有一天这个目标真完成不了的时候，下属有一百个理由可以推卸责任：你看我早就说了，这个目标肯定完成不了，但你坚持要压给我。

“控制式”的领导喜欢自己定目标，然后交给下属去完成，他们不在乎下属的意见和反映，这种做法越来越没有市场。今天员工的知识层次、学历、自己本身的素质，以及他们主张的个性张扬的程度都远远超出从前。因此，领导者应该更多地吸纳下属来参与目标制定的过程，即便是团队整体的目标。

定目标成长，就先不要想达成的困难，不然热情还没点燃就先被畏惧给打消念头了。

实施要求：目标设置要坚持员工参与、上下左右沟通，使拟定的工作目标在组织及个人之间达成一致。既要使工作内容饱满，也要具有可达性。可以制定出跳起来“摘桃”的目标，不能制定出跳起来“摘星星”的目标。

（4）R（Relevant）——实际性。

目标的实际性是指在现实条件下是否可行、可操作。可能有两种情形：一方面领导者乐观地估计了当前形势，低估了达成目标所需要的条件，这些条件包括人力资源、硬件条件、技术条件、系统信息条件、团队环境因素等，以至于下达了一个高于实际能力的指标。另外，可能花了大量的时间、资源，甚至人力成本，最后确定的目标根本没有多大实际意义。

示例：一位餐厅的经理定的目标是——早餐时段的销售在上月早餐销售额的基础上提升15%。算一下知道，这可能是一个几千块钱的概念，如果把它换成利润是一个相当低的数字。但为完成这个目标的投入要花费多少？这个投入比起利润要更高。这就是一个不太实际的目标，就在于它花了大量的钱，最后还没有收回所投入的资本，它不是一个好目标。

有时实际性需要团队领导衡量。因为有时可能领导说投入这么多钱，目的就是打败竞争对手，所以尽管获得的并不那么高，但打败竞争对手是主要目标。这种情形下的目标就是实际的。

实施要求：部门工作目标要得到各位成员的通力配合，就必须让各位成员参与到部门工作目标的制定中去，使个人目标与组织目标达成认识一致，目标一致，既要有由上到下的工作目标协调，也要有员工自下而上的工作目标的参与。

（5）T（Time-based）——时限性。

目标特性的时限性就是指目标是有时间限制的。例如，我将在2017年5月31日之前完成某事。5月31日就是一个确定的时间限制。没有时间限制的目标就没有办法考核，或带来考核的不公。上下级之间对目标轻重缓急的认识程度不同，上司着急，但下面不知道。到头来上司可以暴跳如雷，而下属觉得委屈。这种没有明确的时间限定的方式也会带来考核的不公正，伤害工作关系，伤害下属的工作热情。

实施要求：目标设置要有时间限制，根据工作任务的权重、事情的轻重缓急，拟定出完成目标项目的时间要求，定期检查项目的完成进度，及时掌握项目进展的变化情况，以方便对下属进行及时的工作指导，以及根据工作计划的异常情况变化及时地调整工作计划。

总之，无论是制定团队的工作目标，还是员工的绩效目标，都必须符合上述原则，五个原则缺一不可。制定的过程也是对部门或科室先期的工作掌控能力提升的过程，完成计划的过程也就是对自己现代化管理能力历练和实践的过程。

（二）职业生涯目标的分解

职业生涯可用一系列的阶段来表示。目标分解是根据观念、知识、能力差距，将职业生涯的远大目标分解为有时间规定的长、中、短期分目标，直至将目标分解为确定日期可以采取的具体步骤。目标分解是将目标清晰化、具体化的过程，是将目标量化成可操作实施方案的有效手段。

目标的分解方法，最常用的是按时间与性质内容分解。

1．按时间进行分解

个人职业目标按时间可以分解为人生目标、长期目标、中期目标和短期目标。

（1）人生目标。人生目标是整个人生的发展目标，时间长至 40 年左右。一般说来，短期目标服从于中期目标，中期目标服从于长期目标，长期目标服从于人生目标。实施目标，通常是从具体的、短期的目标开始。

（2）长期目标。长期目标时间为 5 ～ 10 年。长期目标通常比较粗略、不够具体，可能随着内外部环境的变化而变化，在设计时以勾画轮廓为主。

（3）中期目标。中期目标一般 3 ～ 5 年。中期目标相对长期目标具体一些，如参加一些旨在提高技术水平的培训并获得等级证书等。整个学习生涯阶段的任务目标就属于中期目标。

（4）短期目标。短期目标通常是指时间在 1 ～ 2 年内的目标，是中期目标和长期目标的具体化、现实化和可操作化，是最清晰的目标。

2．按性质进行分解

个人职业目标按性质可以分解为外职业生涯目标和内职业生涯目标。

（1）外职业生涯目标。侧重于职业过程的外在标记，主要包括工作内容目标、工作环境目标、经济收入目标、工作地点目标和职务目标等。

（2）内职业生涯目标。侧重于在职业生涯过程中知识、经验的积累，观念、能力的提高以及内心的感受。这些因素不是拜别人所赐予，而是通过努力自己获得和掌握的。主要包括以下几个方面。

工作能力目标：如能与上级领导无障碍沟通的能力；组织大型公共关系活动的能力；组织结构设计的能力等。

心理素质目标：主要指能经受住挫折、承受起成功，临危不惧、荣辱不惊。心理素质可以通过情绪智力的培训加以提高。

观念目标：观念主要指对人对事的态度和价值观。观念目标是在工作学习中逐步形成的一种观念或态度。

工作成果目标：指发现和应用新的管理方法，创造新的业绩等。工作成果本身属于外职业生涯目标，但在取得工作成果的过程中取得的知识、经验等属于内职业生涯目标，强调取得工作成果的内心收获和成就感。

外职业生涯目标和内职业生涯目标关系密切。内职业生涯目标的发展带动外职业生涯目标发展，外职业生涯目标的实现可以促进内职业生涯目标的实现。

二、职业生涯概述

职业生涯规划本质上是对职业生涯的自我设想，是我们根据对自身主观因素和客观环境的分析，确立自己的职业生涯发展目标，选择实现这一目标的职业，以及制订相应的工作、培训和教育计划，并按照一定的时间安排，选择职业通道，采取一定的行动实现职业生涯目标的过程。职业生涯规划依据自身特点，考虑了个人的特殊要求，并据此设计适合的职业发展途径，可以使中职生掌握职业发展的特点，能够扬长避短，获得公平持续的发展机会。需要明确的是，职业生涯规划的主体是中职生自己，但是组织可能对中职生的职业生涯规划产生重要影响。因此，职业生涯规划虽然是个人的事情，但仍要考虑组织因素。在这个过程中，组织作为中职生实现人生价值的舞台，也发挥着重要的作用，中职生必须要知己知彼，尽自己最大努力在进入工作岗位初期，就把这些问题考虑周全。

（一）职业生涯的概念

职业生涯是指一个人一生的职业历程，即一个人一生职业、职位的变迁及职业理想的实现过程。舒伯（Donald E. Super）是美国一位有代表性的职业管理学家，他的职业生涯发展阶段理论是一种纵向职业指导理论，重在对个人的职业倾向和职业选择过程本身进行研究，把人的职业生涯划分为 5 个主要阶段：成长阶段、探索阶段、确立阶段、维持阶段和衰退阶段，详见图 4-1。

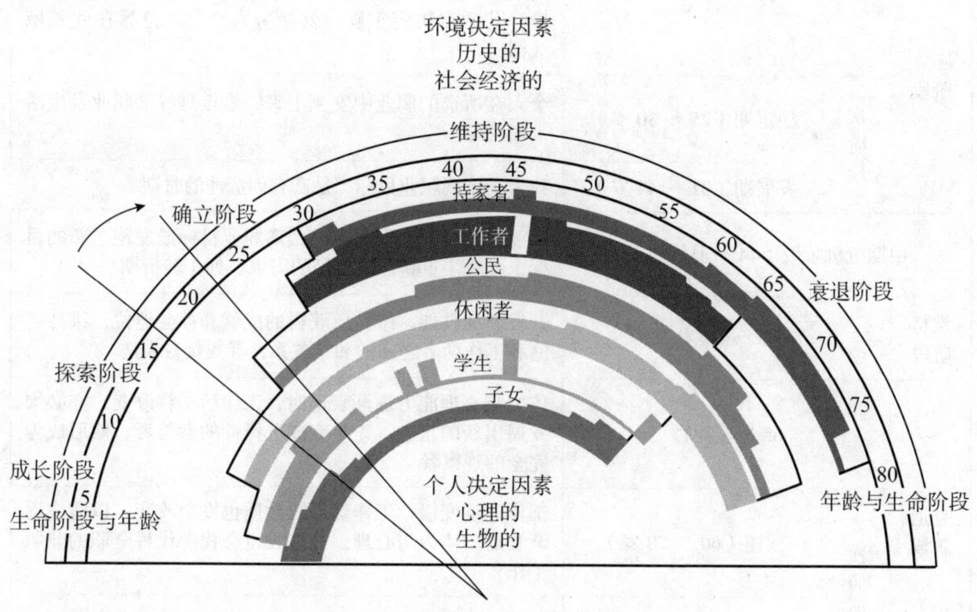

图 4-1　舒伯的职业生涯彩虹图

表 4–4 舒伯的职业生涯理论与人生

<table>
<tr><th>阶段</th><th colspan="2">年龄</th><th>主要任务</th></tr>
<tr><td rowspan="4">成长阶段</td><td colspan="2">出生～14 岁</td><td>认同并建立起自我概念，对职业的好奇占主导地位，并逐步有意识地培养职业能力</td></tr>
<tr><td rowspan="3">次阶段</td><td>幻想期（4～10 岁）</td><td>需求占决定性因素。角色扮演在此阶段很重要</td></tr>
<tr><td>兴趣期（11～12 岁）</td><td>以兴趣为中心，理解、评价职业，开始做职业选择</td></tr>
<tr><td>能力期（13～14 岁）</td><td>能力占的比重较大，也会考虑工作要求的条件</td></tr>
<tr><td rowspan="4">探索阶段</td><td colspan="2">15～24 岁</td><td>主要通过学校学习进行自我考察、角色鉴定和职业探索，完成择业及初步就业</td></tr>
<tr><td rowspan="3">次阶段</td><td>试探期（15～17 岁）</td><td>综合认识和考虑自己的兴趣、能力，对未来职业进行尝试性选择</td></tr>
<tr><td>过渡期（18～21 岁）</td><td>正式进入职业，或者进行专门的职业培训，明确某种职业倾向</td></tr>
<tr><td>尝试期（22～24 岁）</td><td>已确定了一个似乎是较适当的领域，找到一份入门的工作后，并尝试将它作为维持生活的工作。此阶段工作的选择范围较小，只选择可能提供重要机会的工作</td></tr>
<tr><td rowspan="3">确立阶段</td><td colspan="2">25～44 岁</td><td>获取一个合适的工作领域，并谋求发展。主要任务是：通过尝试错误以确定前一阶段的职业选择与决定是否正确。若觉得决定正确，就会努力经营，打算在此领域久留</td></tr>
<tr><td rowspan="2">次阶段</td><td>稳定期（25～30 岁）</td><td>个人在所选的职业中安顿下来，重点是寻求职业及生活上的稳定</td></tr>
<tr><td>发展期（31～44 岁）</td><td>致力于实现职业目标，是富有创造性的时期</td></tr>
<tr><td colspan="3">中期危机阶段（44～退休前）</td><td>职业中期可能会发现自己偏离职业目标或发现了新的目标，此时需重新评价自己的需求，处于转折期</td></tr>
<tr><td>维持阶段</td><td colspan="2">45～64 岁</td><td>开发新的技能，维护已获得的成就和社会地位，维持家庭和工作两者之间的和谐关系，寻找接替人选</td></tr>
<tr><td rowspan="3">衰退阶段</td><td colspan="2">65 岁至死亡</td><td>体力与心理能力逐渐衰退时，工作活动将改变，亦必须发展出新的角色，先是变成选择性的参与者，然后成为完全的观察者</td></tr>
<tr><td rowspan="2">次阶段</td><td>减速（60～70 岁）</td><td>工作速度变慢，工作责任或性质也发生改变，以适应逐渐衰退的体力与心理。许多人也会找份代替全职的兼职工作</td></tr>
<tr><td>退休（71 岁至死亡）</td><td>有些人能很愉快地适应完全停止工作的境况；有些人则适应困难、郁郁寡欢；有些人则老迈而死</td></tr>
</table>

（二）职业生涯规划的重要意义

根据舒伯的职业生涯阶段理论，中职学校学习的时间处于职业生涯的试探期和过渡期。每个人都希望自己有一个成功的职业生涯，凡事预则立不预则废，中职生很有必要制定职业生涯规划。职业生涯规划包括职业发展道路的设想和谋划，它包括选择什么职业，以及在什么地区和什么单位从事这种职业，还包括在这个职业团队中担负什么职务，以及实现这些设想的措施等内容。

1. 对中职生来说，合理规划未来，有利于将来迅速、稳定地就业。社会对中职生的要求越来越高。尤其最近几年经济形势持续低迷，社会对新增就业的需求也逐年降低，而每年新毕业的大学毕业生数量却持续走高，求职就业压力增大，一部分大学毕业生甚至降级与中职生争夺就业岗位。面对这种严峻的就业形势，无论是将来工作的需要还是自身发展的需要，中职生做好职业生涯规划，才能成为适应社会发展需要的人才，既能解决企业“用工荒”的困难，也能解决学生“就业难”的困境。

2. 对中职生来说，应合理规划未来，帮助我们目标明确地发展自己。目标明确会让自己少走弯路，更快地实现目标。职业生涯规划围绕“促进个人发展”的目标而制订。由于中职与普高不同，越来越多的中职生在进入学校的时候，就面临了一次专业选择，目标明确地走进中职学校。职业目标越早确立越好，但在进入学校后，从所学专业的实际出发，确立自己的发展目标也为时不晚。职业规划能帮助中职生从所学专业出发，在真正了解自己、了解所学专业、了解即将从事的职业基础上，确立科学合理的目标，制定合理的发展措施，为获得成功的职业生涯做好准备。

三、职业规划步骤和方法

（一）职业规划的一般步骤

1. 认清自我

思考以下问题：

我想干什么？

我能干什么？

允许我干什么？

我该准备什么？

认清自我需要，了解自己的能力、价值观、兴趣和性格。

（1）能力

能力主要指注意力、观察力、记忆力、理解能力、适应能力、沟通能力、数字能力、领导能力、计划能力等。那么如何了解这些能力呢？

自我分析：自己最了解自己。

他人分析：周围的人较了解自己。

能力测试：如使用思维能力测试、职业能力测试等了解自己。

（2）价值观

价值观是人们在选择职业时给予回报的偏好，也就是在就职时最关注的价值取向。

职业价值观如表 4–5 所示。

表 4–5 职业价值观

这个工作可以：	很重要	一般重要	无所谓
学到新东西			
能让我走出去			
发挥我的创造力			
拥有便利的交通			
获得好的工资待遇			

（3）兴趣与性格

兴趣与性格对于职业选择和职业发展具有较大的影响。约翰·霍兰德（John Holland）是美国霍普金斯大学心理学教授，著名的职业指导专家。他于 1959 年提出了具有广泛社会影响的职业兴趣理论。认为人格类型、兴趣与职业密切相关，兴趣是人活动的巨大动力，凡是具有兴趣的职业，都可以提高人们的积极性，促使人们积极地、愉快地从事该职业，且职业兴趣与人格之间存在很高的相关性。霍兰德认为人格可分为现实型、研究型、艺术型、社会型、企业型和常规型 6 种类型。

知识拓展

霍兰德职业兴趣测试题

本问卷共 90 道题目，每道题目是一个陈述，请你根据自己的真实情况对这些陈述进行评价，如果符合实际情况就在相应的题目前打“√”，否则打“×”，不要漏答。

01. 强壮而敏捷的身体对我很重要。
02. 我必须彻底地了解事情的真相。
03. 我的心情受音乐、色彩和美丽事物的影响极大。
04. 和他人的关系丰富了我的生命并使它有意义。
05. 我自信会成功。
06. 我做事必须有清楚的指引。
07. 我擅长自己制作、修理东西。
08. 我可以花很长的时间去想通事情的道理。
09. 我重视美丽的环境。
10. 我愿意花时间帮别人解决个人危机。
11. 我喜欢竞争。
12. 我在开始一个工作前会花很多时间去计划。
13. 我喜欢使用双手做事。
14. 探索新构思使我满意。
15. 我是寻求新方法来发挥我的创造力。
16. 我认为能把自己的焦虑和别人分担是很重要的。

17. 成为群体中的关键任务执行者，对我很重要。
18. 我对于自己能重视工作中的所有细节感到骄傲。
19. 我不在乎工作把手弄脏。
20. 我认为教育是发展及磨炼脑力的终身学习过程。
21. 我喜欢非正式的穿着，尝试新颜色和款式。
22. 我常能体会到某人想要和他人沟通的需要。
23. 我喜欢帮助别人不断改进。
24. 我在决策时，通常不愿冒险。
25. 我喜欢购买小零件，做成成品。
26. 有时我长时间阅读，玩拼图游戏，冥想生命本质。
27. 我有很强的想象力。
28. 我喜欢帮助别人发挥天赋和才能。
29. 我喜欢监督事情直至完工。
30. 如果我面对一个新情景，会在事前做充分的准备。
31. 我喜欢独立完成一项任务。
32. 我渴望阅读或思考任何可以引发我好奇心的东西。
33. 我喜欢尝试创新。
34. 如果我和别人产生摩擦，我会不断尝试化干戈为玉帛。
35. 要成功就必须定高目标。
36. 我喜欢对重大决策负责。
37. 我喜欢直言不讳，不喜欢转弯抹角。
38. 我在解决问题前，必须把问题进行彻底分析。
39. 我喜欢重新布置我的环境，使它们与众不同。
40. 我经常借着和别人交谈来解决自己的问题。
41. 我常想起草一个计划，而由别人完成细节。
42. 准时对我来说非常重要。
43. 从事户外活动令我神清气爽。
44. 我不断地问：为什么?
45. 我喜欢自己的工作能够抒发我的情绪和感觉。
46. 我喜欢帮助别人找可以和他人相互关注的办法。
47. 能够参与重大决策是件令人兴奋的事情。
48. 我经常保持清洁，喜欢有条不紊。
49. 我喜欢周边环境简单而实际。
50. 我会不断地思索一个问题，直到找出答案。
51. 大自然的美深深地触动我的灵魂。
52. 亲密的人际关系对我很重要。
53. 升迁和进步对我极重要。

54. 当我把每日工作计划好时，我会较有安全感。
55. 我不害怕工作负荷，且知道工作的重点。
56. 我喜欢能使我思考、给我新观念的书。
57. 我希望能看到艺术表演、戏剧及好的电影。
58. 我对别人的情绪低潮相当敏感。
59. 能影响别人使我感到兴奋。
60. 当我答应一件事时，我会竭尽所能监督所有细节。
61. 我希望粗重的肢体工作不会伤害任何人。
62. 我希望能学习所有使我感兴趣的科目。
63. 我希望能做些与众不同的事。
64. 我对别人的困难乐于伸出援手。
65. 我愿意冒一点险以求进步。
66. 当我遵循成规时，我感到安全。
67. 我选车时，最先注意的是好的引擎。
68. 我喜欢能刺激我思考的话。
69. 当我从事创造性的事时，我会忘掉一切旧经验。
70. 我对社会上有许多人需要帮助比较关注。
71. 说服别人依计划行事是件有趣的事情。
72. 我擅长检查细节。
73. 我通常知道如何应付紧急事件。
74. 阅读新发现的书是件令人兴奋的事情。
75. 我喜欢美丽、不平凡的东西。
76. 我经常关心孤独、不友善的人。
77. 我喜欢讨价还价。
78. 我花钱时小心翼翼。
79. 我用运动来保持强壮的身体。
80. 我经常对大自然的奥秘感到好奇。
81. 尝试不平凡的新事物是件相当有趣的事情。
82. 当别人向我诉说他的困难时，我是个好听众。
83. 做事失败了，我会再接再厉。
84. 我需要确切地知道别人对我的要求是什么。
85. 我喜欢把东西拆开，看看能否修理它们。
86. 我喜欢研读所有的事实，然后有逻辑地做出决定。
87. 没有美丽事物的生活，对我而言是不可思议的。
88. 人们经常告诉我他们的问题。
89. 我常能借着资讯网络和别人取得联系。
90. 小心谨慎地完成一件事是件有成就感的事情。

评分办法：表 4–6 中的数字代表上列兴趣测验中的题号，将回答为“是”的题在相应题号下划“√”。

表 4–6　职业兴趣测试表

现实型 R	1	7	13	19	25	31	37	43	49	55	61	67	73	79	85
研究型 I	2	8	14	20	26	32	38	44	50	56	62	68	74	80	86
艺术型 A	3	9	15	21	27	33	39	45	51	57	63	69	75	81	87
社会型 S	4	10	16	22	28	34	40	46	52	58	64	70	76	82	88
企业型 E	5	11	17	23	29	35	41	47	53	59	65	71	77	83	89
常规型 C	6	12	18	24	30	36	42	48	54	60	66	72	78	84	90

请算出每种类型打“√”的数目，并填在下面：

现实型________　研究型________　艺术型________

社会型________　企业型________　常规型________

将上述分数从高到低依次排好，并填在下面：

第一位________　第二位________　第三位________

第四位________　第五位________　第六位________

职业兴趣测试定性评判结果说明

【艺术型】喜欢艺术性的工作，如音乐、舞蹈、唱歌等，他们适合做演员、艺术家、美术家、音乐家、设计师、编辑、作家和文艺评论家等。这种取向类型的人往往具有某些艺术上的技能，喜欢创造性的工作，富于想象力。这类人通常喜欢同观念而不是事务打交道的工作。他们较开放、好想象、独立、有创造性。

【传统型】喜欢传统性的工作，如担任记账员、秘书、办事员，以及办公室人员、接待员、文件档案管理员、打字员、出纳员等。这种人有很好的数字和计算能力，喜欢室内工作，乐于整理、安排事务。他们往往喜欢同文字、数字打交道的工作，比较顺从、务实、细心、节俭，做事利索、有条理性、有耐性。

【企业型】喜欢诸如推销、服务、管理等方面的工作，适合做企事业领导、经理、商业主任、销售员和人寿保险员等。这类人通常具有领导才能和口才，对金钱和权力感兴趣，喜欢影响、控制别人。这种人喜欢同人和观念而不是事务打交道的工作。他们喜爱交际、冒险，精力充沛、乐观、和蔼、细心、有抱负。

【研究型】喜欢各种研究型工作，适合做实验室研究员、医师、产品检验员以及数学、物理学、化学、生物学等自然科学研究者、图书馆技师、计算机程序编制者和电子技术工作者等。这类人通常具有较高的数学和科研能力，喜欢独立工作，喜欢解决问题；喜欢同观念而不是人或事务打交道。他们逻辑性强、好奇、聪明、仔细、独立、安详、俭朴。

【现实型】喜欢现实的实在的工作，如机械维修、木匠活、烹饪、电气技术，适合做管道工、电工、机械工、摄影师、制图员等。这类人通常具有机械技能和体力，喜欢户外工作，乐于使用各种工具和机器设备。他们喜欢同事务而不是人打交道的工作。他们真诚、谦逊、敏感、务实、朴素、节俭、腼腆。

【社会型】喜欢社会交往性工作，适合做教师、教育行政人员、社会学家、社会工作者、咨询顾问、护士等。这类人通常喜欢周围有他人存在，对他人的事很有兴趣，乐于帮助他人解决难题。这种人喜欢与人而不是事务打交道。他们有责任心、乐于助人、善解人意、耐心、友好、慷慨、温暖。

2. 环境评估

环境因素对个人职业生涯发展的影响是巨大的，作为社会生活中的一个个体，我们只有顺应外部环境的需要，趋利避害，最大可能地发挥个人优势，才能实现个人目标。

外部环境分析包括对社会政治环境、经济环境和组织（企业）环境的分析，即评估和分析环境条件的特点、发展与需求变化趋势，自己与环境的关系及环境对自己的影响等。

3. 制定目标

通过对自己各个方面的了解，再加上对外部环境的认知，确定职业规划目标。

4. 开始行动

通过努力，不断提升目标职业要求的能力，学好目标职业所需的专业知识，能通过系统的培训学习成为准职业人。

5. 反馈修正

及时分析个人潜能和职业目标之间的差距，并做调整和修正。

（1）思想理念的差距：能否站在公司的立场、公司领导的位置思考及处理问题？是否理解公司领导的价值观？

（2）知识的差距：自己所掌握的知识是否与职位匹配？

（3）能力的差距：自己所拥有的能力是否与职位匹配？

（4）心理素质的差距：面对困难、面对挫折的心理承受能力及情绪等是否符合职位要求？

（二）设计职业生涯规划的方法

中等职业学校的学生，正处在个体职业生涯的探索阶段，这一阶段对职业的选择及今后职业生涯的发展有着十分重要的意义。因此，在设计自己的职业生涯规划时全面进行自我分析是非常必要的。自我分析可以用个人职业生涯规划的“SWOT”分析法来实施，见图 4–2。

S 代表 Strength（优势）：清晰地知道自己的优势是什么；

W 代表 Weakness（弱势）：弱势是自己的短处，更要清晰地知道；

O 代表 Opportunity（机会）：机会分析是关键因素；

T 代表 Threat（威胁）：威胁。

SWOT 分析模型

一般来说，设计自己的职业生涯规划和进行 SWOT 分析时，应遵循以下四个步骤（表 4–7）：

优势 Strength	弱势 Weakness
机会 Opportunity	威胁 Threat

图 4–2 职业生涯规划 SWOT 分析图

表 4–7 SWOT 分析模型

优势	机会
你学了什么 你曾经做过什么 最成功的是什么	外部环境 职业发展 社会的高速发展
劣势	挑战（威胁）
性格的弱点 经验或经历中所欠缺的方面 最失败的是什么	市场形势 专业过时或不符合社会的需要

1. 评估自己的优势和劣势

（1）优势分析

在自己的职业生涯设计中，如果你能根据自身长处选择职业并“顺势而为”地将自己的优势发挥得淋漓尽致，就会事半功倍，如鱼得水；如果你像让兔子学游泳那样选择了与自身爱好、兴趣、特长“背道而驰”的职业，那么，即使以后再勤奋弥补，耗费九牛二虎之力，也是事倍功半，难以补拙。职业生涯设计的前提是：知道自身优势是什么，并将自己的生活、工作和事业发展都建立在这个优势之上。

具体来说，就是要知道：

①你学了什么

在几年的学习生活中，你从学校开设的课程中学到了什么有价值的东西？社会实践活动提高和升华了你哪方面的知识和能力？

②你曾经做过什么

在学校期间担当过什么学生职务？参加过什么社会实践活动？工作经验的积累程度如何？你应该有针对性地选择与职业目标相一致的工作项目，坚持不懈地努力工作，这样才会使自己的经历有说服力。

③最成功的是什么

你做过的事情中最成功的是什么？如何成功的？通过分析，可以发现自己的长处，比如坚强的意志、创新精神，以此作为个人深层次挖掘的动力之源和魅力闪光点，形成职业生涯设计的有力支撑。

（2）劣势分析

同样，你要指出你的劣势和你最不喜欢做的事情。不知道自己的劣势在哪里，就会盲目高兴，就会觉得天生能做好许多事情，从而沉浸在自我优势的圈子里，成为井底之蛙，不知天到底有多大。找到自己的短处，可以努力去改正自己常犯的错误，提高自己的技能，放弃那些对不擅长的技能要求很高的职业。具体来说就是要知道：

①性格的弱点

人天生都有弱点，这是我们与生俱来且无法避免的。坐下来，跟别人好好聊聊，看看别人眼中的你是什么样子的，与你的自我看法是否一样，指出其中的偏差并借鉴，这将有助于自我提高。

②经验或经历中所欠缺的方面

经验欠缺并不可怕，怕的是自己还没有认识到或认识到了而一味地不懂装懂。正确的态度是，认真对待，善于发现所欠缺的方面，努力提高。

③最失败的是什么

你做过事情中最失败的是什么？如何失败的？通过分析来避免在以后的职业中再次失败，防止在跌倒的地方再次跌倒。

自我认识一定要全面、客观、深刻，绝不能规避缺点和短处。“当局者迷，旁观者清”，尽量多参考父母、师长、同学、朋友、专业咨询机构等的意见，力争对自我有一个全面的认识。

2. 找出您的职业机遇和威胁

（1）机遇分析

环境为每个人提供了活动的空间，发展的条件和成功的机遇。特别是近年来，社会的快速变化，科技的高速发展，市场的竞争加剧，对个人的发展产生了很大的影响。在这种情况下，个人如果能很好地利用外部环境，就会有助于个人发展的成功。否则，就会处处碰壁，寸步难行。

同时，我们也面临各种各样的机遇，比如，经济快速发展为我们提供了发展空间，网络技术的发展使我们能了解更多的信息。

（2）挑战（威胁）分析

除了机遇，我们也会面对各种各样的挑战和威胁。这是我们无法控制的外部因素，但是我们却可以弱化它们的影响。这些挑战和威胁包括：就业还处于买方市场形势、所学专业过时或不符合社会的需要、来自同学的竞争、面对有更优的技能和更丰富的知识及更多的实践经验竞争者、公司不雇用你这个专业的人等。

对于这些挑战，我们不能一味地采取回避的态度，或者自怨自艾，因为我们不能让社会适应你，因此只能改变自己，提高自己适应社会的能力，通过努力把挑战转化为一种内在的动力。这样，我们才能避免不利的影响，在困境中脱颖而出，寻求发展和成功。

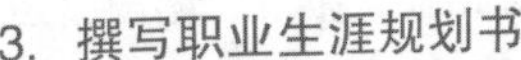

3. 撰写职业生涯规划书

作为中职生，应当对自己的人生有个规划，使自己的人生有一个更加明确的奋斗目标。职业就像人生路上的台阶，需要在不同的时期、站在不同的高度来审视自己。而职业生涯规划就像是人生路上不断为你指引方向的航标灯，引领你，使你不会偏离轨道，最终走向成功的终点。

知识拓展

某中职学校计算机专业学生的职业生涯规划书

第一部分　自我分析

1. 我的性格

我是一个在校中职生，性格温和、开朗，比较活泼。

2. 我的兴趣爱好

业余时间我喜欢听音乐、看小说，有时打打乒乓球，无聊时也玩玩游戏。

3. 我的专业

我所学的专业是计算机应用。我曾经对于该选什么专业作为我接下来的学习目标犹豫过，但是当我真正选择了之后，反而没有了那些纷杂的想法，只留下了一个，那就是既然选择了这个专业，就不能后悔，就要对自己的选择负责到底。

4. 我的优点和缺点

优点：性格温和、乐观，做事仔细认真、踏实，待人友善，人际关系良好，责任心强，有耐心。

缺点：缺乏社会经验和实践经验。

5. 我的 SWOT 分析

我的优势：有着乐观积极的生活态度，对于新事物的接受能力较强，善于为自己和他人营造快乐，性格情绪稳定，人际关系良好，做事比较认真、踏实，有浓厚的学习兴趣和一定的实力，尤其在计算机方面有着浓厚的兴趣。

我的弱势：知识面不广，社会经验和实践经验缺乏，办事不够细致，有时考虑问题不够全面，做事有时拖沓，不够雷厉风行，不够果断，事前做决定的时候会犹豫不决，组织能力、管理能力和经验欠缺。

我的机会：企业对技术人才的需求量大，就业前景好，有更广阔的就业机会。就专业知识方面来说，现在是一个信息爆炸的时代，各种信息浩如烟海，对于信息进行组织和管理使之有序化的需求正不断加大，因此我认为这个专业是很有发展前景的。

我面临的威胁：当今社会比我优秀的人才很多，竞争者数量在不断增加，企业对人才的要求在不断地提高，它们更需要有经验的人才。

第二部分　行业前景分析和市场需求

计算机应用技术人才的需求是由社会发展大环境决定的，我国的信息化进程已经且将继续对计算机应用技术人才的需求产生重要的影响。目前，我国计算机市场的主体仍然是行业应用市场，在国家“以信息化带动工业化”战略指导下，行业应用市场总体上保持稳定增长的趋势，但行业间需求不一，增长各异。国家信息化进程涉及各行各业。企事业单位信息系统的建设与运行，是目前和今后采购、应用计算机产品的主流需求，这些用人单位需要大批计算机应用技术人才。计算机应用技术人才的社会需求总量在计算机行业属于排名靠前的，每年大约需求100万各种类型的毕业生，高职院校毕业生主要从事计算机应用行业的基础工作，特别优秀的可以从事一些开发研究工作，但大部分是从事计算机应用工作。因此，学计算机专业很有发展前景。

第三部分　职业发展各阶段的目标

1. 第一阶段——探索阶段：学生

在这个阶段主要任务就是学习知识，培养兴趣，开发工作所需的技能，不断发展，进而掌握这些技能。

2. 第二阶段——入门阶段：应聘者

在这个阶段的主要目标是进入职业市场，得到工作，从事自动化、电子电气设备以及计算机控制系统设计、协调、运行等相关领域的职业。

3. 第三阶段——新手阶段：实习生

在这个阶段的主要目标是了解单位，熟悉操作流程，接受组织文化，学会与人相处，并且承担责任，发展和展示技能与专长，迎接工作上的挑战，在某个领域形成技能、开发创造力和革新精神。

4. 第四阶段——发展阶段：任职者

在这个阶段的主要目标是选定一项专业或进入管理部门，力争成为专家或职业经理；或是转入需要新技能的新工作，开发更广阔的工作视野。

结束语

其实，每个人心中都有一座山峰，雕刻着理想、信念、追求、抱负；每个人心中都有一片森林，承载着收获、芬芳、失意、磨砺。一个人，若要获得成功，必须拿出勇气，付出努力、拼搏、奋斗。成功，不相信眼泪；成功，不相信颓废；未来，要靠自己去打拼！

通过阅读该学生的职业生涯规划，我们一起来讨论：

1. 职业生涯规划主要包括哪些方面？

2. 你能给自己写一篇职业生涯规划吗？

学以致用

1. 利用SWOT模型进行自我分析。

2. 完成自己的职业生涯规划。

·榜样故事·

从铁轨工匠到“土专家”

初见信恒均，他的黄色工作服上星星点点，不是布满油污，就是旧污渍没有清洗干净。伸出的大手，指甲里还能隐约看到黑色污渍。不过，随着了解的深入，我们知道这些污渍在他们看来更像是一枚枚可爱的“奖章”。

信恒均所在的工段担任汉宜、宜万线259千米正级、108条股道、266组道岔的维修保养任务，拥有各种类型冲击镐60台、螺丝松紧机30台、内燃捣鼓机8台、发电机25台等价值400万元的机械设备。信恒均的工作就是维护、修理这些机具。

武汉铁路局荆门桥工段宜昌东线路车间里，信恒均和两个同事维护的维修工区放着近千个蓝色的盒子，盒子里全部是机械配件或零件，架子上都贴着标签还印上了二维码，哪个零件是哪台机械用的，都写得清清楚楚。由于对每个零件、配件都了如指掌，信恒均被工友们称为“机械的保姆”。

“修机械时全凭手感，你戴个手套，不方便，也不灵便。有时，空间小了，螺丝都拧不下来，也上不去，要是我们爱惜自己的手戴手套，一天20双手套都不够换……”整天维修工具，跟机油、柴油打交道，下班后，信恒均得用鞋刷才能刷掉手上的油污。

由于手上总是油污，容易打滑，有时抬个东西，搬个机械，稍不注意就会受伤。信恒均一双粗糙的大手上伤痕遍布，仅左手就做过4次手术，至今，无名指里埋的钢丝还没有取出来，无名指弯曲僵硬；右手中指的末关节也因受伤伸不直。

“他总是在钻研、琢磨机械这个事情。我跟他休息时抽烟，我抽烟就是抽烟，他还在想工作上的事情，他抽烟都在想工作。”同事李玉蓉说。

由于喜欢机械，总在钻研机械，信恒均的发明创造就多了起来。

铁路秋季大修，每个区间的铁轨也只有210～240分钟的作业时间窗口，过了这个时间，铁轨必须放行，否则就会影响铁路通行，进而影响旅客出行。“每天进出宜昌东站的列车多达188趟，如何在有限的时间里，尽快完成铁轨修复，除需要维修工精湛的维修手艺外，还需要信恒均这样为维修师傅提供机具、维修机具的人。”宜昌东线路车间党总支书记张登清告诉央视网记者。

大修的时候，要将铁轨下的土深挖1.5m，架空铁轨后，挖出泥巴，重新铺上防水垫、沙子，再铺上厚厚的石子。原来，一个班100人挖土、徒手准备500篮石头填到铁轨两侧需要3个多小时，信恒均发明了“卸碎神器”后，10个职工只需要1个小时就能完成原来的工作量。目前，“卸碎神器”已经量产6台，在多个施工工地推广使用。

铁轨运载时间长了，会起皮，为保障铁路安全，需要用打磨机将铁皮打磨掉。一台进口的道岔翼轨打磨机售价12万元，还只能打磨铁轨内侧。信恒均反复琢磨，反复实验，通过改变砂轮片的构造、调整砂轮片的方向，利用旧打磨机组装出的打磨机，不仅可以打磨铁轨内侧，还可以打磨正面、外侧，购置材料及加工费不到5 000元。

类似的改良、发明创造还很多，21年来，信恒均悉心钻研机械维修，先后完成各类技术改造项目36项，节约养护成本费用108万元、5 000多工时，累计为企业创造效益368万元，成为远近闻名的“土专家”。

资料来源：http://news.cctv.com/2016/12/02/ARTIp6e1Hn2ufk32lnWrVLbQ161202.shtml，内容有修改

第五章
校园生活　社团活动

中职生正处于汲取知识，塑造世界观、人生观、价值观的关键时期。在党团组织中，个人可以受到来自他人的激励，群体竞争和心理压力会推进个体的成长速度，在与他人的交往中将产生多元思想的碰撞，更有利于拓展个体视野，打破思维定式，促进个体成才。从组织角度来讲，党团组织通过其凝聚力，可以整合个体的力量，完成更为复杂的任务，更好地帮助学生坚定信念、提升素质、拓展潜力。那么，如何加入党团组织呢？

第一节　党的组织

一、党团课

党旗

团徽

青年学生业余党校，是中职学校党建工作的主阵地，以上课、讲座、实践活动等形式，开展党员、入党积极分子和青年团员培训活动，不断强化对青年学生的马列主义理论、革命理想信念和党的知识等方面的教育。

党课是中国共产党对党员和申请入党的积极分子进行教育的重要方式。党组织通过党课定期向党员和入党积极分子宣传党的路线、方针、政策；进行党性、党纪和党的基本知识教育。党课是每一位中共党员的必修课，每位申请入党的积极分子，都要进行党课教育。党课结束后会组织考试，通过考试后才能进一步进行党员的发展培训。

团课是团组织对团员进行思想政治教育和团的基本知识教育的主要形式，是提高团员思想理论水平和政治素质的有效途径之一。

二、入党基本程序

（1）入党启蒙教育。通过各种渠道，采取多种形式，有针对性地对广大学生进行共产主义理想和党的基础知识教育，吸引他们积极靠拢和要求加入党组织。

（2）接受入党申请。要求入党的学生必须向党组织提出书面申请，申请书一般由申请人所在党支部的负责人受理。

（3）同入党申请人谈话。党支部将及时指派专人同申请人谈话，指出其争取入党的努力方向及有关程序和要求等。

入党的主要流程

（4）推荐入党积极分子。团组织按照入党积极分子的条件，经过充分酝酿和讨论后，自下而上地向党组织推荐要求入党的团员做入党积极分子。

（5）确定入党积极分子。一般的入党积极分子，经支委会讨论确定，并向全体党员宣布；重点积极分子在团组织推优的基础上由支委会提名，支部大会讨论确定，并报告党总支；计划发展对象由支委会提名，支部大会讨论，上级党总支审查确定。

（6）指定培养人。入党申请人被确定为重点积极分子后，党支部将指定两名正式党员作为培养人，负责教育、培养和考察入党积极分子。

（7）培养、教育、考察入党积极分子。对重点积极分子建立档案，每半年考察一次，并及时将考察写实情况做出文字记载。吸收入党积极分子听党课或参加有关活动，加强培养教育工作，党校对发展对象进行短期集中培训，时间不少于40学时。向入党积极分子提要求，派任务，让他们在实践中进行锻炼。党组织对确定为重点入党积极分子的人选的直系亲属进行政审。

（8）审查发展对象。对拟发展对象进行公示，对材料完备、公示没有问题的，发给《入党志愿书》。

（9）确定介绍人。申请入党的人要有两名正式党员做介绍人。一般由培养联系人担任，也可由发展对象自己约请，或由党支部指定。

（10）填写《入党志愿书》。

（11）召开接受预备党员的支部党员大会。党员讨论、表决，并作出决议。

（12）党组织的考察谈话。党支部指派专人与被发展人谈话，作进一步考察。

（13）入党宣誓后，成为预备党员。

三、入党申请书的格式

根据《中国共产党章程》的规定，要求入党的同志必须亲自向党组织提出申请，申请可分为口头申请和书面申请两种形式。通常情况下，申请入党的同志应写书面申请。

入党申请书的基本内容和写法如下：

（1）标题。一般写“入党申请书”或“入党申请”。

（2）称谓。申请人对党组织的称呼，如“敬爱的党组织”或“敬爱的 ××× 党支部”等，顶格写在第一行，后面加冒号。

（3）正文。这是入党申请书的关键部分，主要包括三方面内容：一是对党的认识和要求入党的动机。对党的认识，主要是对党的性质、纲领、奋斗目标、宗旨、党的路线、方针、政策的认识；入党动机，就是参加中国共产党的目的，即为什么要加入党组织。写这部分要联系自己的思想实际，可以写通过学习党的基础知识、听党课、参加有意义的活动以后的思想演变过程，以及思想认识上有什么提高等。二是个人履历（学历和工作经历）、家庭成员和主要社会关系。如果本人家庭成员和主要社会关系中，有人有政治历史问题，或者犯过什么错误或受到过刑事处分的，都要写清楚并表明自己的态度，以便让组织上了解。三是自己的优缺点和今后的努力方向。即个人在政治、思想、学习、工作、作风、纪律等方面的主要表现，特别是对自己存在的缺点和不足要敢于指出，并向党组织表明改正的决心和努力方向，以实际行动争取入党。

（4）结尾。入党申请书的结尾，一般可写“请党组织在实践中考验我”，或“请党组织看我的实际行动”等作为正文的结束。正文写完之后，加上“此致、敬礼”等用语，亦可不写。

（5）署名和日期。入党申请书写完后，要署上申请人的姓名，申请时间（年、月、日）以示郑重。

写作注意事项如下：

①入党申请书虽有一定的格式，但也不要千篇一律，尽可能多联系自己的实际情况。

②入党理由要写清楚，篇幅不要太长，语言要简洁精练。

③语气要谦虚，态度要诚恳。

④要认真学习党章，掌握基本精神，加深对党的性质、宗旨、任务和党员的权利、义务等基本知识的理解。

⑤要联系自己的思想实际谈对党的认识和入党动机，不要以旁观者身份一味评论别人。

⑥对党忠诚老实，向党组织反映真实思想情况。

⑦入党申请书要写得朴实、庄重，不要追求华丽的辞藻，夸夸其谈。正文中各部分的内容可根据自己的实际情况斟酌。

四、思想汇报的格式

要求入党的同学为了使党组织更好地了解自己，接受党组织的教育和监督，要积极主动地向党组织汇报自己的思想、学习和工作情况，这是培养自己的组织观念、提高思

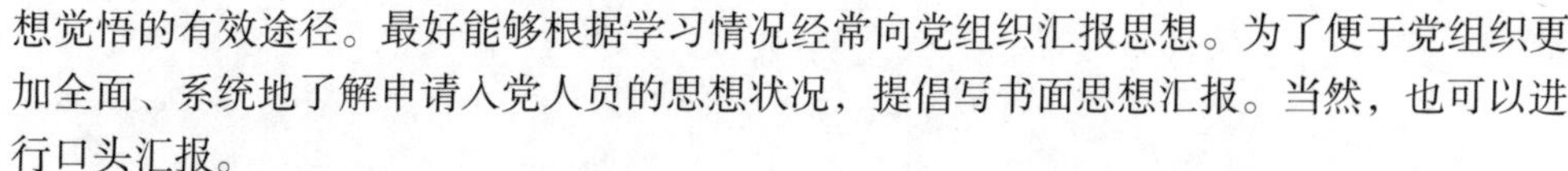

想觉悟的有效途径。最好能够根据学习情况经常向党组织汇报思想。为了便于党组织更加全面、系统地了解申请入党人员的思想状况，提倡写书面思想汇报。当然，也可以进行口头汇报。

思想汇报的基本书写格式及内容如下：

（1）标题。居中写“思想汇报”。

（2）称谓。即汇报人对党组织的称呼，一般写“敬爱的党组织”。顶格书写在标题的下一行，后面加冒号。

（3）正文。写思想汇报，是结合自己的学习、工作和生活情况，向党组织反映自己的真实思想情况，具体内容根据每个人的不同情况而定。如果对党的基本知识、马克思主义的基本理论的学习有所收获，可以通过思想汇报的形式，将学习体会、思想认识上新的提高及存在的认识不清的问题向党组织说明；如果对党的路线、方针、政策或一个时期的中心任务有什么看法，可以在思想汇报中表明自己的态度，阐明自己的观点；如果参加了重要的活动或学习了某些重要文章，可以把自己受到的教育写给党组织；如果遇到国内外发生重大政治事件时，则要通过学习提高对事件本质的认识，旗帜鲜明地向党组织表明自己的立场；如果在自己的日常生活中遇到了个人利益同集体利益、国家利益产生矛盾的问题，可以把自己有哪些想法，如何对待和处理的情况向党组织汇报；为了使党组织对自己最近的思想情况有所了解，就要把自己的思想状况，有了哪些进步、存在什么问题以及今后提高的打算写清楚，等等。

（4）结尾。思想汇报的结尾可写上自己对党组织的请求和希望。一般用“恳请党组织给予批评、帮助”或“希望党组织加强对自己的培养和教育”等作为结束语。

（5）署名和日期。在思想汇报的最后，要署名和注明汇报日期。

写思想汇报应注意的问题如下：

①思想汇报应是真实思想的流露，最重要的是真实，切忌空话、套话、假话，做表面文章。

②应根据不同时期的思想认识状况，集中新体会和认识深刻的一、两个方面的问题谈深谈透，不要罗列多个方面的问题泛泛而谈。

③要密切联系自己的思想实际，不要长篇大段地抄录党章、报告、领导讲话和报刊文章的内容，防止形式主义。

④要实事求是，对自己做一分为二的评价，不但要对自己的成长进步进行肯定，而且要找准存在的不足，敢于向党组织暴露个人的缺点和问题。

另外，党组织不能简单地用思想汇报次数的多少来衡量一个人是否积极靠拢党组织，但是对于要求入党的人来讲，经常、主动地向党组织汇报思想是加强同党组织联系，增强组织观念的一条有效途径。因此，申请入党的人应积极主动地向党组织汇报思想。

第二节 学生会

一、学生会概述

学生会是现在学校的组织结构的一部分，是学生自己的群众性组织，是校方同学生之间的桥梁和纽带。凡在校学生都是学生会的当然成员。学生自觉接受学生会干部的领导、督促和检查，积极支持学生会的各项工作。

二、学生会的任务

学生会的任务是在学校内党组织的领导下、共青团组织的指导和帮助下，遵循和贯彻党的教育方针，促进学生德、智、体、美、劳全面发展，团结和引导同学成为热爱祖国、适应有中国特色社会主义现代化建设事业要求的合格人才；发挥作为党和校方联系同学的桥梁和纽带作用，在维护国家和全国人民整体利益的同时，表达和维护同学的具体利益；倡导和组织自我服务、自我管理、自我教育，开展健康有益、丰富多彩的课外活动和社会服务，努力为同学服务。

三、中职学校学生会的特点

中职学生所处的年龄阶段决定他们在这个时期具有多动、精力充沛、以自我为中心、急于表现自我等特点。在中职学校中，学生会的存在形式与大学学生会略有不同。基于中职学校学生的年龄和能力与大学生差距很大，中职学校的学生会需要党团组织更多地参与到学生会的组织建设、各项活动筹备与运行中来。

四、学生会的组成及各部门职责

（一）学生会分类

现代的中职学校大多按照大系部或专业设立教学模式，其学生会也分为校学生会和系部学生会。学生会是在党团组织领导下的学生组织。校学生会服务的对象是全校学生；系部学生会属于校学生会的平行机构，由各系、部团组织进行管理，负责本系、部内学生的管理和活动组织。

（二）学生会机构设置及工作内容

各学校办学特点不同，学生会的机构设置也会有所不同。一般的学生会都设置主席团、秘书处、宣传部、学习部、纪检部、文艺部、体育部、生活部、卫生部等。下面以校学生会为例介绍一下学生会各部门的职能。

1．主席团

主席团包括学生会主席一名，副主席若干名。

主席要在党的领导和团组织的指导帮助下，全面负责学生会的工作。主持学生会全体会议，做好学生会各部之间的协调工作；讨论制订学生会工作计划，定期向各部部长布置工作，并予以检查、监督；听取各部部长的工作报告，汇总各部门的材料，做好工作总结；及时向学校反映学生对生活、文娱、体育、学习、宣传和其他方面的建议与意见，做到下情上报，上情下达。学生会主席对校团委负责，接受学生会及全体学生的监督。

副主席要协助主席做好学生会有关工作，明确责任分工，坚持参加主管部门的各项工作和活动，完成主席交办的其他工作任务。

2. 秘书处

秘书处是整个学生会的核心所在，负责学生会内部各部门之间的协调工作；学生会例会的考勤和内容记录；学生会的文件处理、存档及整理。秘书处是学生会的对外窗口，也是整个学生会形象的代言者。要求成员有一定的写作和速记能力。

3. 宣传部

宣传部是学生会对外宣传的窗口。通过多样的形式，配合团组织、学生会各部门的学生活动，利用广播、墙报、橱窗、刊物等形式进行宣传教育，引导和鼓励同学参加学生活动。要求成员有一定的书画或主持、播报能力，并能吃苦耐劳，积极进取。

4. 学习部

引导学生的学习观念，为其树立正确的学习观，是学习部的任务。学习部的本职工作包括举办具有本校特色的学习经验交流会；开展各类专业技能竞赛；收集和了解学生对教学的意见和要求，及时向教务部门反映。

5. 纪检部

纪检部是学生会设立的监督机构，对全校学生进行监督、检查，使之规范自己的日常行为，提高自身综合素质；监督执行学校各项规章制度，培养同学们的自律意识，全面推进校风建设；监督各班级晚自习考勤，整肃学习纪律；在有大型活动时维持会场秩序。

6. 文艺部

该部门引导和组织全校同学的文化生活及文艺类活动。其主要职责是负责组织学校的文艺活动，活跃校园气氛，丰富校园生活；组织学生积极参加学校各种文艺活动；要求该部成员有一定文艺专长或组织综艺晚会的能力。

7. 体育部

体育部丰富学生课余生活，开展大量的形式活泼、内容多样的体育活动和体育竞赛，积极引导学生参加，是学生进行体育活动的先锋队和带头人。要求该部门成员爱好体育，有一定的体育特长。

8. 生活部

生活部以“为同学服务”为宗旨，关心同学生活，及时、合理地反映同学呼声；与相关部门组织“学雷锋”义务活动；与学校相关部门建立经常性的联系，及时反映学生有关生活方面的意见和要求，维护学生利益；主动关心同学的身心健康，为同学提供一些力所能及的服务工作。该部门成员中的一部分应有一定的电子或计算机知识。

9. 卫生部

卫生部作为学生会管理和检查卫生工作的部门，要与学生科教师密切配合。协助学生科做好宿舍、教室、环境卫生的监督和检查；引导学生保持环境、宿舍、教室卫生，以创造良好的学习和生活环境，保证身体健康；客观公正地做好卫生评比计分工作。

以上是一个学生会基本的组成机构，另外根据学校特点和需要，学生会还经常设有其他一些部门。如外联部，负责学生会之间或学生会与外界的联络；勤工俭学部，负责联络用人单位，为本校有勤工俭学需求的同学争取更多资助及勤工俭学机会；广播站，将广播职能从宣传部中分离出来，从事采写稿件和每天早、中、晚的校园广播。学校也可将国旗队纳入学生会的管理中，国旗队主要负责每周的国旗升降仪式、大型活动的升国旗仪式。

五、如何成为学生会干部

前面提到过，凡在校学生都是学生会的当然成员。而学生会干部就是学生会日常工作的执行者。学生会遵循的是自由、自愿原则，如果你能遵守学生会的章程，希望为学校和同学服务，责任心强，肯吃苦耐劳，并想培养和锻炼自己的组织能力和管理能力，则可以通过学生会的招新活动为自己取得成为学生会干部的机会。下面介绍一下学生会招新的程序。

（一）报名

1. 个人自愿申请，领取报名表（表 5–1）后认真填写。选择 1 到 2 个自己感兴趣的部门申请。

2. 经班主任签字同意后，将报名材料交回学生会秘书处审核。

（二）选拔方式

1. 由学生会副主席及部长、副部长组成多个评委团，对报名相关部门的同学进行面试，面试主要由问答、才艺展示等组成。

2. 对面试合格的同学进行一定时间的考核。

3. 根据申请人的面试和考核情况，择优予以录用。

表 5–1　学生会招新报名表

姓名		性别		
专业、班级		政治面貌		
寝室		联系电话		
特长及爱好				
我希望加入的部门	第一志愿：		第二志愿：	
个人简介（主要阐述个人对所报部门的了解）				
获奖情况及以前任职状况				
班主任意见		班主任签字：		
面试情况及面试人意见				

·榜样故事·

职校生坚守火车站防疫点 40 天 每天志愿服务 12 小时

“贵校的张俊磊同学自大年初三至今，一直坚守在海宁火车站的防疫卡点上，认真做好出站旅客咨询引导等工作，每天服务至少 12 个小时……”2020 年 3 月 4 日，杭州职业技术学院收到了一封来自共青团海宁市委员会和海宁市志愿者协会的感谢信，对该校汽车营销专业 1712 班的学生张俊磊表达了感激之情。

张俊磊家住浙江省海宁市海昌街道的欣旺小区，平时他就热心志愿服务。多次获得校一等奖学金、省技能大赛奖项的张俊磊，也是海宁市优秀志愿者、“志愿汇”系统四星志愿者。

刚刚过去的这个寒假，张俊磊的原计划是备战即将举行的省汽车维修技能大赛。但随着疫情的变化，他决定改变计划。

“我的父母都是党员，防疫战一打响，他们就马上投入其中了。当我知道社区在招募疫情防控志愿者时，也就报名了。”张俊磊说，成为社区的防疫志愿者后，他就与社区干部、小区党员一起张贴防疫宣传海报横幅，发放防疫资料和倡议书，逐家逐户排查外来居民、务工人员，及时掌握小区住户动向。

随着疫情防控工作的深入，张俊磊主动向海宁市团市委报了名，申请到更需要的岗位去参加志愿服务。“当我把决定告诉父母时，他们有点担心，但还是非常支持我。”

从大年初三开始，张俊磊从小区转战到海宁火车站防控卡点继续开展志愿服务。每天 7 点半到晚上 8 点，一天工作 12 个小时以上，这一待就是近 40 天。

随着最近企业复产复工的启动，火车站的人流也逐渐增加，工作也越来越多。“我现在的工作重心就是帮进入海宁的人员填写健康码。很多年纪大一点的叔叔阿姨都不太会用手机，需要一个个、手把手地教他们。”张俊磊说，一套简单的流程每天要说几百遍，但即便如此，他还是耐心地向旅客讲解流程、宣传防控知识，劝导他们配合工作。

“火车站这个防疫卡点很重要，不只是为了旅客的安全，也是为了整个海宁的安全。”张俊磊说，他会一直坚守下去，等疫情结束、学校开学后，再回杭职院去备战自己要参加的技能大赛。

资料来源：https://www.sohu.com/a/377867502_243614

第三节 社团

一、社团成立程序和要求

1. 本校在籍的学生均可申请成立学生社团，新社团须有 10 名及以上学生发起，发起人必须无任何违纪记录。

2. 须有筹备组专门负责社团成立的筹建事宜。

3. 须有 1 个以上社团活动指导教师的意见。

4. 制定社团章程。社团章程应包括社团名称、宗旨、主要任务、活动内容和范围、组织机构、经费来源及管理制度、负责人产生办法及其他应说明的事项。

5. 必须有本校教师担任指导教师或顾问。

6. 备齐以上材料后由筹备组负责人到社团总会提交申请报告、章程草案和发起人名单。

7. 校社团总会对新社团进行审查，经校团委批准后正式成立，校团委发布文件公布社团成立，并确认社团负责人。

二、指导老师的聘请

1. 指导老师须为我校注册的正式教师，校外人员、学生、客座教授、访问学者、退休教师不得担任。

2. 聘请教师作为社团指导老师须经教师本人同意。

3. 社团在聘请指导老师时，须向校团委上交该指导老师个人简历，个人简历应由该社团挂靠单位以及该负责人所在院系团委签署意见并加盖公章，经校团委批准并登记后，方可聘请为指导老师。

4. 指导老师一经确认后，不得随意更改，如有特殊情况，须向校团委提交书面解释，经批准后方可变动。

三、学生社团活动审批程序

1. 学生社团活动要制订详细的实施计划，并以书面形式制订详细的活动策划书。

2. 按要求认真填写《学生社团活动申请书》。

3. 学生社团负责人将活动策划书和申请书在获得社团指导教师认可、同意后，递交学生社团联合会。

4. 学生社团在本社团范围内举办的常规活动必须在活动开展前一周向学生社团联合会提交申请，经社团联合会同意，上报学生处（团委）审批，方可开展活动。

5. 学生社团组织的全校性大型活动必须提前 2 周向校学生社团联合会提交申请，经校学生社团联合会同意，上报学生处（团委）审批，经学校宣传部和保卫处备案后，方可开展活动。

6. 凡组织跨校的社团活动，必须提前2周提出申请，由学生社团联合会上报学生处（团委），经批准后方可开展活动。

7. 学生社团举办集体出游、社会实践、外出考察等大型校外活动须遵守下列规定。

8. 学生社团须在活动举行 2 周前，提交申请。

9. 经批准后，学生社团购置集体保险，并与每位活动参与者个人签订《安全免责协议书》，方可进行此活动。

10. 学生社团活动使用场地，需要到相关部门签署使用意见，得到批准后方可使用。

四、社团活动经费、固定财务和活动场地

1．社团的日常费用原则上由社团自行解决，必要时可向校团委提出申请，由校团委酌情解决。

2．经费的使用、管理要有明确的规章制度，确定专人负责。

3．社团自有的固定财产应妥善保管。

4．社团经费、固定财产的收入、管理、使用情况要定期向校团委汇报，并接受检查，在社团内部要公开管理情况。

5．社团活动场地实行自行解决和校团委协调解决相结合的办法，在场地使用中要认真遵守学校的有关管理规定。

学以致用

1．你所在的学校是否有社团？如果有社团都有哪些社团？

2．根据自己的兴趣爱好你准备加入哪些社团？如果没有你所喜欢的社团，你能成立相应的社团吗？如何成立？

第四节　课外活动

一、课外活动的组织

课外活动的组织模式直接影响着学校课外活动的管理和开展效果，所以应建立一套能促进学生多参与、多样化、高水平、高效率运作的机制，即在学校文体部下设学生文体部及若干单项协会。协会干部由会员通过选举产生，在校文体部的领导下，在校学生处、学生会的监管和体育教研室、专业老师的具体指导下开展工作。学生只要有一项爱好，便可自愿参加。

二、课外活动的形式

课外活动的组织形式和方法是多种多样的，通常按活动人数和规模可分为群众性活动、小组活动和个人活动三类。

（一）群众性活动

它是组织多数或全体学生参加的一种带有普及性质的活动。它可以在较短的时间内使较多的学生受到教育，对活跃校园生活有较大的帮助。这种活动有全校性的或校际性的，有全班性的或班际性的，参加活动的具体人数则根据活动的目的和内容而定。

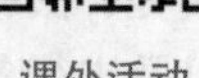
课外活动

举办群众性活动时，通常主办方会在校园内贴出海报，写出活动规则、报名方式、报名地点和联系人等信息；同时学生处和学生会也将通过班主

任和学生干部一起组织报名参加活动。

具体的活动方式有报告会、讲座、演讲、社团、纪念日活动、文艺主题会、晚会、墙报和黑板报、收听广播、收看电视、看电影、参观、访问、游览、表演、各项竞赛、公益劳动、文娱训练、体育锻炼等。

在中等职业学校，上半年通常组织学生在校内或走向社会参与公益活动；在春秋季节通常组织春、秋季运动会和各种球类比赛；在“七一”“十一”等节日之前通常组织合唱比赛、演讲比赛活动；在重要的节日或纪念日通常组织文艺表演活动。

“普高有高考，职高有竞赛”，各中等职业学校根据自己的实际情况安排“技能展示月”和“技能节”，这是职业学校的一大特色。通过技能节，树立学生“学技能、比技能，立足社会凭技能”的观念，同时挖掘学生中的人才，在职业技能节选拔学生。有计划地组织培训，是参加比赛取得好成绩的关键，可以在这样的活动中为参加市区、省、国家各级技能竞赛选拔人才，并为师生提供一个自我检查、自我提高、自我展示的平台。

参加“技能节”的技能展示或比赛，需要同学们在一入学就将基础打好，平时学习专业技能时勤于思考，善于钻研，掌握好专业本领。在“技能展示月”和“技能节”之前，学校会通知相关人员提前做好准备，以方便专业技能和作品出色的学生参加技能展示和比赛。

（二）小组活动

小组活动是课外活动的主要组织形式。它是根据部分学生的兴趣、爱好和要求以及学校的具体条件，就某一活动内容组成小组，进行有目的、有计划、经常性的活动。它小型且分散，便于开展多种多样的活动，满足学生不同的兴趣、爱好，发展学生的才能，使学生得到更多学习和锻炼的机会。

中等职业学校的学生通常喜欢的小组活动种类有：艺术小组，如（音乐、绘画、书法，舞蹈等）；体育小组（体操、球类、武术等）；劳动技术小组（电工、电器维修、刺绣、公益服务）等。

小组制订活动计划，选出负责人，活动次数以每周一次为宜，也可以根据情况适当增减。要有具体固定的活动地点、时间、内容。小组活动有考核，以激励学生进取，当然考核不像考试那样，但可以通过举办成果展览，参加一定规模的比赛等形式来进行考核。每学期结束，活动小组应召开总结会，以便发扬成绩，克服缺点，使学生进步更快。

学校通常以开设选修课、第二课堂和组成社团等方式组织学生进行活动。学生如果想要参加小组活动，可以在学期开始时报名参加自己喜欢的课或社团。

（三）个人活动

个人活动是学生在课外进行单独活动的形式。它往往与小组或群众性活动相结合，由小组或班级分配任务，根据个人的兴趣、才能，单独地进行。

个人活动的主要内容是：阅读课外书刊，写读书心得，记日记，练习创作、书法、绘画、演奏、摄影、采集标本，发起进行小发明、小制作、小论文、小实验、小改革的活动，以及进行各种体育锻炼等。其作用在于充分发挥每个学生的积极性和创造性，丰富学生的个人生活，培养他们独立工作的能力，扩大和加深他们的知识，养成读书的兴趣和习惯，提高独立从事艺术创作和体育锻炼的能力，尤其是对学生了解社会和科学技术的新信息显得更为重要。在现代信息传播工具日益发达的情况下，学生每天都可从报纸、杂志、课外读物、广播、电视等方面获得大量的社会、科技信息，这些信息对他们的发展起着愈来愈明显的作用。因此，组织和指导好学生的课外个人活动，是课外活动不可忽视的重要形式和方法。

中等职业学校会定期举办学生个人作品比赛或展览，有兴趣的学生可以通过宣传海报或广播通知到指定的地点、人员处报名。

课外活动形式和方法的分类除了根据人数和规模划分以外，还可有其他多种分类法。根据时间长短，可分为：

1. 长期性活动，如科技实验、课外阅读、收听广播、收看电视、社团、协会、墙报、小组活动等；

2. 短期性活动，如训练班、演出队、科技制作、“科技活动月”“宣传周”；

3. 临时性活动，如报告、讲座、竞赛、展览、表演、调查、参观、劳动等。根据活动场地，可分为室内活动（报告、讲座、阅读、晚会、创作练习等）、室外活动（体育锻炼、校园劳动等）、校外活动（调查、访问专家、社会服务等）。根据活动机能，可分为接受性活动（报告、讲座、阅读等）、创造性活动（科技制作、科学实验、制作练习等）、训练性活动（文娱、体育训练等）。

学以致用

1. 结合自己的实际情况选择两种适合自己参加的课外活动。

2. 和专业课老师交流参加“技能节”的详细情况。

3. 向学生会的干部请教如何进行课外活动的组织，并努力加入学生会以锻炼自己的组织与协调能力。

第六章
知礼学礼　文明做事

我国素以"文明古国，礼仪之邦"著称于世，讲"礼"重"仪"是中华民族世代相传的优秀传统。职校学生要了解礼仪对于个人的意义，知礼学礼，文明做事，同时更要遵守学校的校规、校纪，规范个人行为，培养个人气质，提高人生修养。

第一节　校园礼仪

礼仪，是中华传统美德宝库中的一颗璀璨明珠，是中国古代文化的精髓。身居礼仪之邦，应为礼仪之民。知书达理，待人以礼，应当是当代青年学生的一个基本素养。学校担负着教育人和培养人的神圣使命，是一个既严肃又活泼，既紧张又文明的地方。校园生活，丰富多彩，开学、上课、升旗、毕业、庆典、颁奖、比赛、集会等各种活动均有严格的礼仪规范。

同时，校园礼仪教育是职业道德教育的重要组成部分，具备良好的礼仪是用人单位对人才的要求之一，也是企业提高整体素质的需要。学生在学校期间应该养成良好的职业道德品质和职业道德习惯，工作后才能更好地适应社会需要。

一、仪容仪表

仪容是指人的容貌和内在精神气质结合后外在的体现。仪容的概念包括三个层次：

基本层次：指人的容貌、形体、体态等的优美，是人的自然美。

提升层次：指经过修饰打扮与后天环境的影响而形成的美，是人的修饰美。

最高层次：一个人的内心世界和积极向上的生命活力的外在体现，是人的内在美。

一个人的长相美或丑是父母生成的，而修养和气质却是后天获得的。所以，作为学生应保持天生的自然美和质朴美。女同学的仪表要保持清新、活泼、纯真。如在求职面试等特殊场合需要化妆的时候，应以自然、清淡为主，切忌人工痕迹过重，那会丧失年轻人自然的美感。不宜穿高跟鞋。男同学的总体衣着应保持整洁，富有朝气，使自己的外在形象简单利落、干干净净，没有异味。

二、尊师礼仪

尊敬老师是学生的基本道德。中国历代思想家、政治家都对道德的表率作用十分重视，“身教重于言教”的道德运行模式源远流长。尊师也是素质的体现和道德的起点。

（1）主动问候老师。学生在进出校园或上下楼梯与老师相遇时，应主动向老师行礼问好。学生进老师的办公室或宿舍时，应先敲门，经老师允许后方可进入。学生和教师相遇，通常应由学生先向教师打招呼，道声“老师早”或“老师好”。在车、船、码头遇见老师，即使人多拥挤，学生也应让老师先行。

（2）和老师说话时，学生应主动请老师坐下。若老师不坐，学生应和老师一起站着说话。学生无论是站着还是坐着，都应该姿势端正，不可东张西望，不可抓头挠耳，不可抖脚摇动。如果学生对老师说的话感到不理解或有不同看法，应谦虚而诚恳地向老师请教。向老师请教问题，应面对老师，认真听老师讲话。谈话时，声音要轻，以免影响其他老师办公、休息。如果老师讲完话，学生应向老师表明所问的问题已经明白，应向老师微微鞠躬和道谢，再离去，若老师起立目送学生，学生应请老师坐下，学生不应自顾自跑出办公室。

（3）学生进老师办公室，应先敲门，经老师允许后方可进入。在办公室不可随意翻动老师的东西。

三、课堂礼仪

遵守课堂纪律是学生最基本的礼貌。

预备铃响后，迅速就座并做好课前准备，值班长分别检查黑板、讲桌是否干净，记录出勤情况，维持好班级秩序。

上课铃响后，老师进入教室宣布上课，班长喊起立，全体同学迅速整齐起立。老师问“同学们好”，同学们向老师行鞠躬礼并问“老师好”，老师示意后，班长喊“坐下”，同学们方可坐下。

听课时要做到坐姿端正，专心致志，做好笔记，不可交头接耳，不做与课堂学习无关的事。课堂发言要举手，经老师允许后起立发言。使用普通话，声音洪亮，口齿清楚，回答完毕，经老师同意后方可坐下。

微机、实训课等操作课要先排好队，有秩序地进入。在指定位置就座，爱护设备，注意安全，课后经老师验收允许后方可离开。

学生如果遇到特殊情况，不得已在老师开始上课后才进教室时，应特别注意，举止文明，礼仪周到。

礼仪的作用

（1）在教室门口先停下脚步，然后喊“报告”。如果教室的门关着，要就先轻轻叩门；在得到老师允许之后，才能进教室。

（2）进到教室后，应在得到老师允许之后，方可入座。

（3）在走向自己座位时，速度要快，脚步要轻，动作幅度要小。走到座前，在放书包和拿课本时，尽量不要发出太大响声。

（4）在坐下之后，应立即将注意力集中起来，端坐静听老师讲课。

总之，迟到学生要把由于自己迟到而对课堂秩序造成的影响减小到最低限度。

听课姿势端正，这是良好精神面貌的表现，也是对老师的尊重。上身端正，两臂自然平放在课桌上，上身与课桌保持10厘米左右的距离，不能仰靠在后边的课桌上。下肢自然弯曲，两脚平放地上，腿不要乱摇。

下课铃响后，老师宣布“下课”，班长喊“起立”，全体同学必须整齐起立向老师致敬，老师还礼宣布“同学们再见”，同学们喊“老师再见”，并请老师先行（包括听课老师），同学们方可有秩序地离开教室。

有听课的领导或老师进入教室，同学应起立鼓掌欢迎、问好，课后鼓掌欢送，待听课的领导或老师离开教室后，同学再下课。

四、集会礼仪

在学校里经常举行集体活动。集会一般在操场或礼堂举行，由于参加者人数众多，因此要格外注意集会中的礼仪。

（一）升旗仪式

升国旗仪式是非常严肃、庄重的仪式礼仪。国旗是国家的象征，当国歌奏响，当国旗徐徐升起的时候，人们沉浸在庄严的氛围中，心中涌起的是爱国主义的深沉情感，唤起的是自己对祖国的崇高责任。

（1）参加升旗仪式时，各班学生服装尽量统一，提前整队，在指定位置列队。庄严肃静，精神集中。

（2）仪式全过程，全体同学要立正站好，双手自然下垂，站姿端正，纪律严明，不要讲话、嬉闹。

（3）唱国歌声音要洪亮，歌声整齐振奋。

（4）升旗仪式进行时，不可随意走动，如有迟到同学，原地站立，面向国旗，按程序致礼。

（5）仪式结束，按规定顺序，安静退场。

（二）开学典礼

开学典礼一般在开学后的第一周举行，其基本程序一般为：

（1）宣布典礼开始，全体肃立，升国旗，唱国歌；

（2）校长致辞；

（3）表彰仪式；

（4）老师代表发言；

（5）学生代表发言；

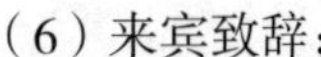

（6）来宾致辞；

（7）宣布开学典礼闭幕。

在开学典礼上，作为学生要严格遵守会场纪律，认真听讲，礼貌鼓掌，不随意走动，保持会场地面清洁。要以饱满的精神状态、规范的仪容仪表，展现新学期同学们的精神风貌。

五、同学交往礼仪

同学之间的礼仪礼貌，是获得良好同学关系的基本要求。同学间可彼此直呼其名，但不能随意乱起外号。在有求于同学时，须用“请”“谢谢”“麻烦你”等礼貌用语。借用学习和生活用品时，应先征得同意后再拿，用后应及时归还，并要致谢。对同学的相貌、体态、衣着不能评头论足，同学忌讳的话题不要去谈，不要随便议论同学的不是，绝对不能嘲笑同学的生理缺陷。

六、见面礼仪

（一）握手礼

握手是一种沟通思想、交流感情、增进友谊的重要方式。在与人握手时，应目光平视对方，微笑致意，不可戴帽子和手套与人握手。一般情况下，握手的时间不宜超过 3s。

（二）鞠躬礼

鞠躬，意即弯身行礼，是对他人表示敬佩的一种礼节方式。鞠躬前双眼礼貌地注视对方，以表尊重的诚意。鞠躬时必须立正、脱帽，态度严肃郑重。

（三）致意

致意是一种不出声的问候礼节，常用于相识的人在社交场合打招呼，人们往往采用点头致意、招手致意、欠身致意、脱帽致意等形式来表达友善之意。

七、待客礼仪

（一）家庭待客礼仪

1. 迎客的礼仪

如果事先知道有客人来访，要提前打扫门庭，以迎嘉宾。并备好茶具、烟具、饮料等，也可根据自己的家庭条件，准备好水果、糖、咖啡等。客人在约定时间到来，应提前出门迎接。客人来到家中，要热情接待。客人进屋后，首先请客人落座，然后敬茶、端出糖果。端茶和送糖果盘时要用双手，并代为客人剥糖纸，削果皮。

2. 敬茶的礼仪

要事先把茶具洗干净。在倒茶时，要掌握好茶水的量。常言道，待客要“浅茶满酒”。所谓浅茶，即以将茶水倒至杯中三分之二为佳。端茶也是应注意的礼节。按我国的传统习惯，应双方给客人端茶。对有杯耳的杯子，通常是用一只手抓住杯耳，另一只手托住杯底，把茶水送给客人，随之说声“请您用茶”或“请喝茶”。

3. 送客的礼仪

客人告辞，一般应婉言相留。客人要走，应等客人起身后，再起身相送。送客一般应送到大门口。

（二）宿舍待客礼仪

应在有同学相邀，或在得到该室同学允许时，才可以进入其他宿舍。进门后，应主动向其他同学打招呼，并且尽量坐在邀请你的同学的铺位上，不能乱用、乱翻动别人的物品。讲话声音要轻，时间要短，不能坐得太久，以免影响其他同学的正常作息。

接待亲友或外人来访时，在进入前自己应先向在室内的同学取得认同。进室后，主动向同学作介绍。同室同学也要礼貌待人，这样既尊重了来访亲友，也尊重了同学。

八、卫生间礼仪

卫生间又称洗手间，是人们日常使用极为频繁的地方，随着城市化进程的不断加快，学校的卫生间和许多城市公共场所的卫生间一样是可冲水的现代化卫生间。卫生间是每个人方便的地方，在卫生间里的行为举止是一个人文明素养的最直接体现。

（1）进入公共卫生间前要耐心等候。公共场所人员聚集，去卫生间方便时如遇人多，应在卫生间门外排队等候。抢占位置或大声催促里边的人是没有教养的行为。

（2）使用卫生间时要轻关门，锁好小门。多数卫生间的位置都是相对独立的，进入卫生间后应轻轻关上并在里面锁好小门。敞着门方便是令人尴尬的，门不锁则容易让外面的人误认为里面没人而进入造成双方的不便。

（3）卫生间使用后应及时冲水。使用完卫生间后应立即冲水，用后不冲水将极大地影响别人的使用和健康，是不负责和不礼貌的行为。另外，要将女性用品和厕纸扔入纸篓中，不能冲入下水道而造成下水道堵塞，给保洁和清理增加不必要的麻烦。

（4）走出洗手间之前，应把衣饰整理好。有些人因为匆忙或行为比较随意，从洗手间出来后一边系着裤子或者整理着衣裙一边往外走，显得很不雅观。

（5）洗手时应节约用水并方便他人。在卫生间方便结束后及时洗手是讲卫生的好习惯，洗手时应注意尽量不要将水溅到四周，注意节约用水，湿手不应边走边甩以免妨碍他人。

知识拓展

中国古代的“礼”和“仪”，实际是两个不同的概念。“礼”是制度、规则和一种社会意识观念；“仪”是“礼”的具体表现形式，它是依据“礼”的规定和内容形成的一套系统而完整的程序。

在中国古代，礼仪是为了适应当时社会需要，带有产生它的那个时代的特点及局限性。时至今日，现代的礼仪与古代的礼仪已有很大差别，我们必须着重选取采用对今天仍有积极、普遍意义的传统文明礼仪。这对于修养良好个人素质，协调和谐人际关系，塑造文明的社会风气，进行社会主义精神文明建设，具有现代价值。

1. 作为一名中职学生，应该如何运用好礼仪，提高自己的自身修养和专业素质？
2. 礼仪有哪些方面的特点？

第二节　校规校纪

一、学生日常行为守则

（一）学生守则

（1）热爱祖国，拥护中国共产党的领导，立志为社会主义事业服务，为人民服务。

（2）认真学习马列主义、毛泽东思想和有中国特色的社会主义理论，逐步树立无产阶级世界观，劳动观点、群众观点，辩证唯物主义和历史唯物主义观点。

（3）热爱所学专业，学好理论知识和技能。

（4）坚持体育锻炼，讲究卫生，积极参加社会劳动。

（5）关心集体，爱护公物，勤俭节约，遵守社会公德。

（6）诚实谦虚，尊敬师长。

（7）遵守学校规章制度，保守国家机密。

（8）听从祖国召唤，服从组织安排。

（二）课堂守则

（1）师生应按时上课，不迟到，不早退，不无故离开教室，不无故旷课、旷考。

（2）要尊重教师，各门课程第一节上课时学生应起立，行注目礼，课前要主动擦黑板。

（3）上课时要保持课堂肃静，认真听讲，提问时要举手，经教师允许后方可起立发言。不准起哄喧哗。

（4）上课时间一律不找人，不会客，不准到教室内取、送东西。

（5）要保持教室整洁，爱护电教设备，不准随地吐痰，不准吸烟和吃东西，不准在课桌和墙壁上乱写乱画。

（6）上自习时应保持教室安静，不准在教室进行学习以外的活动，不准在走廊内大声喧哗，以免影响他人学习。

（7）上课时，衣着整洁，不准穿拖鞋进入教室。

（8）如有违反上述规定者，轻者批评教育，重者或经教育而不改者将依据有关规定严肃处理。

（三）课堂十不准

为了维护课堂秩序以保证教学顺利进行，特制定课堂十不准。

（1）不准迟到早退。

（2）不准交头接耳或不经教师允许发言。

（3）不准随意下座位。

（4）不准接、打手机。

（5）不准吃东西。

（6）不准上课睡觉。

（7）不准上厕所。

（8）不准向教室外观望或与教室外人员联系。

（9）不准看与本课无关的书刊、杂志等。

（10）不准顶撞教师和出现其他一切影响教学秩序的行为。

二、学生违纪处分实施细则

××职业技术学校学生违纪处分实施细则

第一章　总则

第一条　为了加强校风、学风建设，维护正常的教学和生活秩序，创造优良的学校和生活环境，促进学生德、智、体、美全面发展，根据《普通中等学校校园秩序管理若干规定》《中等学校行为准则》《××职业技术学校学生管理规定》，结合××职业技术学校（以下简称学校）的实际情况，制定本实施细则。

第二条　对学生实施纪律处分，应坚持育人为本、合法、合理、公正、公开的原则。

第三条　对学生实施纪律处分，是对学生的一种特殊教育形式，是对学生偏离基本行为规范和教育目的的警示和纠正，应当坚持违纪处分与批评教育相结合，通过对学生的处分，达到教育广大学生能自觉遵纪守法、严格要求自己、养成良好的道德品质和行为习惯的目的。

第四条　对学生实施纪律处分，必须以事实为依据，与学生违纪行为的事实、性质、情节以及危害程度相当，做到程序正当、证据充分、依据明确、定性准确、处分适当。

第五条　学生的违纪行为对国家、集体或他人造成损害的，应当依法承担民事责任。

第六条　学生的行为触犯了法律，除学校对其实施纪律处分外，由有关国家机关依法追究其法律责任。

第七条　对本条例没有列举的违纪行为，按照教育部或现行法律精神及学校有关规定给予学生纪律处分。

第八条　实施细则适用于具有学校正式学籍的学生。

第九条　学生有违法、违规、违纪行为的，学校可以给予纪律处分，纪律处分的种类有：警告、严重警告、记过、记大过、留校察看、开除学籍等。

第二章　分则

第十条　学生违反国家有关法律、法规，视情节作如下处理：

（一）违反《中华人民共和国宪法》，反对四项基本原则、破坏安定团结、扰乱社会秩序的，给予开除学籍的处分。

（二）触犯国家法律，构成刑事犯罪的，给予开除学籍的处分。

（三）违反治安管理规定，情节较轻的，给予记过和留校察看处分；违反治安管理规定，受到处罚，性质恶劣的，给予开除学籍的处分。

（四）参与非法传销和进行邪教、封建迷信活动的，给予记过或留校察看处分。

（五）未经批准成立学生团体并开展活动、出版刊物，或以合法学生团体的名义开展非法活动的，给予记过或留校察看处分。

（六）在校内进行宗教活动的，给予记过或留校察看处分。

（七）登录非法网站、传播有害信息的，给予记过或留校察看处分。

第十一条　以各种手段非法占有国家、集体和个人合法财物者，除如数偿还和按公安机关有关规定处理外，视其情节给予警告直至开除学籍处分。

（一）非法占有遗失物者。

（二）采用盗窃、诈骗、勒索等非法手段，占有国家、集体和个人合法财物者。

（三）未窃得财物，但经保卫部门确认为撬窃者。

（四）为作案者放哨，提供信息、作案工具或进行掩盖、窝赃销赃者，可以比照作案者处理。

（五）对团伙盗窃、诈骗、勒索公共财物的主谋或为首者，加重一级处理。

第十二条　对损坏公共财物者，视其情节，给予如下处理：

（一）由于过失损坏公共财物，除经济赔偿外，一般给予批评教育；情节或后果特别严重的，酌情给予警告、严重警告处分。

（二）故意损坏公共财物者，除赔偿损失和按规定处以罚款外，视其情节和后果，给予严重警告直至留校察看处分。

第十三条　违反公民道德准则和学生行为准则，视其情节，给予如下处分：

（一）伪造、编造、冒领、冒用、转让各种证件或证明文件，给予警告直至留校察看处分。

（二）侮辱、谩骂、威吓他人，经教育不改的，造成不良后果的，给予警告直至留校察看处分。

（三）造谣、诬陷他人的，给予警告直至留校察看处分。

（四）因学习成绩评定、转专业、就业、评奖、处分等，对有关人员寻衅滋事的，给予警告直至留校察看处分。

（五）拒绝、阻碍国家工作人员或学校管理人员依法或依校规校纪执行公务的，给予警告直至留校察看处分。

（六）隐匿、私拆、毁弃、故意错领他人邮件或汇款、包裹单等，给予警告直至留校察看处分。

（七）冒用学校或他人名义，侵害学校或他人利益，给学校或他人造成不良影响或损失的，给予警告直至留校察看处分。

（八）从事或参与有损学生形象、有损社会公德活动的，给予警告直至留校察看处分。

（九）剽窃、抄袭他人研究成果，情节较轻的，给予记过或留校察看处分；情节较重的，给予开除学籍处分。

第十四条　违反学校有关规定，影响公共正常秩序、环境安全者，视情节作出如下处理：

（一）违反《普通中等学校校园秩序管理若干规定》，张贴、散发宣传品、印刷品，给予警告直至留校察看处分。

（二）未经许可在校园内从事营销活动，经批评教育不改者，给予警告直至留校察看处分。

（三）违反《普通中等学校校园秩序管理若干规定》，扰乱公共场所正常秩序及规定者，给予批评教育或警告直至留校察看处分。

（四）故意屏蔽或危害计算机网络、电话网、有线电视网、电源网，给予警告直至留校察看处分；造成经济损失的，还应当承担赔偿责任。

（五）违反学校规定，严重影响学校教育教学秩序、生活秩序以及公共场所管理秩序，侵害其他人、组织合法权益，造成严重后果的，给予开除学籍处分。

第十五条　一学期内无故旷课、迟到早退、旷操、病事假累计达下列学时者（按每天六课时计或以当天实际课时计），作如下处理：

（一）无故旷课 10 ～ 19 学时者，给予警告处分。

（二）无故旷课 20 ～ 29 学时者，给予严重警告处分。

（三）无故旷课 30 ～ 39 学时者，给予记过处分。

（四）无故旷课 40 ～ 49 学时者，给予留校察看处分。

（五）无故旷课 50 学时以上者，视为放弃学籍，按自动退学处理。

（六）无故迟到早退 12 ～ 21 次者，给予警告处分。

（七）无故迟到早退 22 ～ 31 次者，给予严重警告处分。

（八）无故迟到早退 32 ～ 41 次者，给予记过处分。

（九）无故迟到早退 42 ～ 51 次者，给予留校察看处分。

（十）无故迟到早退 52 次者，给予劝退处分。

（十一）无故站操 3 天（6 次）者，给予警告处分。

（十二）无故站操超过 3 天（6 次）者，给予记过处分。

（十三）无故站操超过 6 天（12 次）者，给予劝退处分。

（十四）无故不出操 2 天（4 次）者，给予警告处分。

（十五）无故不出操 3 天（6 次）者，给予记过处分。

（十六）无故不出操超过 3 天（6 次）者，给予劝退处分。

（十七）事假超过 15 天（90 课时）者，给予留校察看处分，无正当理由的，给予劝退处分。

（十八）病假超过 20 天（120 课时）者，勒令休学，无县级以上医院证明，给予劝退处分。

（十九）病事假次数直接影响就业安置的早晚。

无故不参加学校组织的集体活动者，按上述规定处理。

第十六条　违反考场纪律、考试作弊者，按下列情况处理：

（一）由他人代替考试、替他人参加考试、组织作弊、使用通信设备作弊者，给予开除学籍处分。

（二）其他作弊行为者，给予记过直至留校察看处分。

（三）不服从监考工作人员管理，违反考场纪律，扰乱考场秩序者，视情节给予警告直至留校察看处分。

（四）凡考试作弊者，成绩一律以零分计，并不能参加正常补考。

第十七条　学生不得有酗酒行为。对酗酒者视其情节给予警告直至留校察看处分。

第十八条　打架斗殴责任者，按下列情形处理：

（一）肇事者（指引起打架事件的责任人）。

因不守秩序，不听劝告，用言语侮辱或其他方式触及他人，引起事端或激化矛盾，虽未动手打人，但造成后果者，给予警告处分。

（二）策划者。

组织、策划打架未造成后果者，给予严重警告处分；造成后果者，给予记过直至开除学籍处分。

（三）打架者。

1. 动手打人，未伤他人者，给予严重警告处分；致他人轻伤者，给予记过处分；致他人重伤者，给予留校察看或开除学籍处分。

2. 持器械打人或为他人提供打人器械者，酗酒后打人或先动手打人者，加重一级处分。

3. 勾结校外人员在校内打架者，给予留校察看处分。

4. 以劝架为名偏袒一方，促使事态扩大，造成不良后果者，或打架事件已中止，事后又报复打人造成后果者，给予严重警告直至开除学籍处分。

5. 在处理打架事件过程中，利用不正当手段私下解决或唆使他人提供虚假证明者，给予严重警告处分。

6. 侮辱、威胁或殴打教职员工者，视情节给予记过或开除学籍处分。

7. 凡打人致伤者，除按上述规定给予纪律处分外，还应赔偿受害者的医疗费及其他相关费用。

第十九条　学生在校一律不得赌博，经教育不改者，给予严重警告直至留校察看处分。

第二十条　违反学生住宿管理规定者，视其情节给予以下处分：

（一）未经批准，擅自在校外租房住宿（寒暑假除外）者，给予警告直至留校察看处分。

（二）未经批准，擅自留宿非本宿舍成员，经批评教育不改者，给予警告处分。留宿非本宿舍成员或让其进入宿舍而造成不良后果者，给予记过处分。留宿异性者，给予留校察看处分。

（三）住宿学生违反学生公寓作息时间，不能按时归宿，擅自夜不归宿，经批评教育不改者，给予警告直至留校察看处分。

（四）将妨碍学生生活、学习环境与秩序的动物带入公寓，经批评教育不改者，给予警告处分；造成不良后果者，给予严重警告处分。

（五）违反宿舍消防、用电等相关规定，经批评教育不改者，给予警告处分；造成严重后果者，视其情节，给予记过或留校察看处分。

（六）扰乱宿舍管理秩序，不服从管理，经批评教育不改者，视其情节给予警告直至记过处分。

（七）故意涂污墙壁、损坏宿舍设施者，除照价赔偿外，给予警告直至记过处分。

第二十一条　凡受纪律处分的学生，当年度不能评选先进，不能参加奖学金的评定。处分未撤销，推迟就业和毕业。记过以上处分未撤销，不允许就业和毕业。

第二十二条　违纪学生有下列情形之一，且危害后果不严重的，可从轻或免于处分：

（一）违纪后主动报告，如实承认错误事实，认错态度积极，确有悔改表现。

（二）违纪后能积极协助调查，有立功表现者。

（三）确系他人胁迫或诱骗，并能主动揭发，认错态度积极者。

第二十三条　违纪学生有下列情形之一，加重处分：

（一）拒不承认错误，或订立攻守同盟者。

（二）对有关人员威胁、恐吓或打击报复者。

（三）同一事件涉及本条例两款以上处分者，应当加重一级或按其中适应的最高一级处分。

第二十四条　屡次违反学校规定受到纪律处分，经教育不改者，给予开除学籍处分。

第三章　附则

第二十五条　学生违纪后的调查取证工作：

（一）学生违纪行为一般由学生所在班负责调查取证工作，必要时报学校保卫部门、学生管理部门联合调查。在调查取证过程中，应当注意取证方式的正当，即收取证据的过程及方式要符合有关法律法规的相关规定，不能采取不正当的方式收取证据，不能逼供或诱供。

（二）学生违纪行为的调查取证，需要学校有关部门给予积极配合、协助。

（三）学生违反国家法律、法令、法规，受到司法或公安部门的追究的，由学校保卫部门与学生管理部门协助司法或公安部门调查。

（四）违纪事件涉及不同班的学生时，由学校学生管理部门或学校保卫部门负责协调，进行联合调查取证工作。

第二十六条　学生违纪处分权限：

（一）给予学生警告、严重警告、记过、留校察看处分，由学生管理处主任签字，经学生管理部门审核，报主管学校领导批准。

（二）给予学生开除学籍处分，由学生管理处主任签字，经学生管理部门审核后，报校长办公会议批准，同时，开除学籍的处分决定书报省教育厅备案。

学生违纪处分撤销程序及规定

一、撤销处分条件

1. 以学工部文件下发或通报之日起生效。

2. 受警告处分满一个月方可提出申请撤销处分。

3. 受严重警告处分满三个月方可提出申请撤销处分。

4. 受记过处分满六个月方可提出申请撤销处分。

5. 受记大过处分满八个月方可提出申请撤销处分。

6. 受留校察看处分满十二个月方可提出申请撤销处分。

7. 符合学生违纪处分撤销程序。

二、处分撤销程序

1. 学生从处分下达之日起，每月需写一篇思想汇报（不低于800字），需两名或以上班委签表现意见，同时班主任也需签表现意见。

2. 符合处分撤销条件时，班主任组织学生干部、学生代表（总人数不少于5人）召开座谈会，半数学生干部或学生代表通过，违纪学生方可写撤销处分申请书。

3. 学生写撤销处分申请书，并附带所有的思想汇报、违纪学生综合量化记录（违纪学生综合量化必须合格）。

4. 班主任在处分撤销申请书上签字后，将申请书交到系办进行复核，复核内容包括：（1）思想汇报是否认真、规范；（2）学生受处分期间是否有旷课、迟到等违纪行为，以学生量化为凭证；（3）违纪学生座谈会是否符合程序。

以上三项全部复核通过由系办报学工部审核撤销处分，等待撤销处分通知。

三、相关说明

1. 解除处分必须有完备的资料，严格履行程序。处理时要持慎重态度，搞好调查研究，坚持实事求是的原则。

2. 学生解除处分材料将真实完整地归入学校文书档案和学生本人档案。

3. 解除处分的学生如在毕业离校前发生违纪行为，学校对违纪行为进行处理后，对其加重一级处分。

4. 未能在就业前解除处分的，延迟就业或不予就业。

5. 未能在毕业前解除处分的，延迟毕业或不予毕业。

三、学生请假与考勤制度

关于规范学生外出请假、销假流程管理的规定

为加强学生外出管理，经研究决定，自即日起规范学生请假、销假流程管理，现将有关事宜通知如下：

1. 规范《学生外出请假条》格式。由学工部统一制作带有存根的《学生外出请假条》，并盖（××职业技术学校学生处）红色印章，然后发到各系部主任处。

2. 规范《学生外出请假条》管理。各系部明确专人负责学生请假条的管理，严禁将请假条发到教师手中。学生因病或因事请假外出时，需要由班主任带领学生到本系部办公室办理请假手续，填写《学生外出请假条》。

3. 规范《学生外出请假条》签发。《学生外出请假条》需要由班主任老师和系部主任（或副主任）共同签字。

4. 规范门卫验证放行程序。如有学生请假外出时，门卫人员必须检查《学生外出请假条》是否规范（班主任、系部主任签字，红色学生处印章三者缺一不可），并认真核对《学生外出请假条》的日期或时间、请假条上的班级姓名和照片。核对无误后，由学生填写《学生出入校园登记表》有关信息，方可放行。

5. 规范学生返校安检程序。学生请假返校时，必须出示《学生外出请假条》和胸卡，门卫人员核对无误后，由学生在《学生出入校园登记表》上填写返校时间，经门卫人员安检后方可进入校园。如果《学生外出请假条》或胸卡携带不全，必须由班主任老师亲自到门卫签字，而后带学生进入校园。

6. 规范学生销假手续。学生返校后，必须携带《学生外出请假条》到签发《学生外出请假条》的部门销假。签发请假条的部门负责回收《学生外出请假条》，并认真保管，防止学生涂改、借用请假条现象的发生。

7. 偶遇周日或夜间时间等特殊情况，学生需要请假外出时，如果各系部管理《学生外出请假条》的有关人员不在，可由学生班主任或由值班领导带领学生到门卫说明情况，并由班主任或值班领导在《学生出入校园登记表》上签字后，门卫方可放学生出校园。

知识拓展

南开大学的礼仪教育

南开大学初建时，校门一侧立着一面大镜子，镜子旁篆刻着一段话：

面必净，发必理，衣必整，钮必结；

头容正，肩容平，胸容宽，背容直。

气象：勿傲、勿暴、勿怠。

颜色：宜和、宜静、宜庄。

这四十字，是由南开大学创始人之一、著名教育家张伯苓先生订立，南开大学另一位创始人严范孙先生亲笔题写的“容止格言”。

1904 年，张伯苓先生和严范孙先生在旧式的严氏家塾的基础上，创办了一所新式的学校，当时名为南开学校。南开学校像当时许多新创办的学校那样，采用新式教育方式培养学生。两位先生认为，学校培养的新式学生，一方面应当具有现代理念、视野与学识，另一方面也应该具有良好的精神状态、仪表风度和人格修养。因此，张伯苓先生在学校门口设立了这面镜子，令每位学生进出校门时，遵循“以铜为镜，可以正衣冠”的古训，依照这四十字“容止格言”，对着镜子整顿自己的风貌。

有一次，美国哈佛大学校长伊里奥博士来南开学校参观，见这里的学生举止言谈、风度仪表都同其他的学校不同，便问张伯苓原因何在。张伯苓把他带到镜子前，将上面的箴言向他细细解释，伊里奥听了十分钦佩。

知识拓展

在这种高雅礼仪的熏陶下，从南开学校走出了许多风度儒雅的人。享有很高国际声誉的周恩来总理就曾就读于南开大学，凡是与他接触过的人，无不被他的人格、智慧、礼仪和风度折服，这与他在南开大学受过的中华文明礼仪教育是分不开的（图 6–1）。

图 6–1　南开大学

学以致用

1. 谈谈礼仪对职校学生的重要性。
2. 作为一名职业学校的学生，你认为应该遵守哪些日常行为规范？

第七章
环境规划　健康生活

来到一所新学校，进入一个陌生的生活环境，开始一段新的生活，容易产生不适。为了顺利完成学业，同学们有必要熟悉学校所处的环境；了解学校生活规则；遵守各种安全管理制度；调适自己的心理；了解校园可能发生的突发事件；通过参与学校组织的各种应急演练来掌握应急自救的基本知识和技能。

第一节　生活环境与生活规则

一、生活环境

（一）生活环境的含义

生活环境是指与人类生活密切相关的各种自然条件和社会条件的总体，它由自然环境和社会环境组成。生活环境按其是否经过人工改造来划分，可分为自然环境和人工环境。自然环境是各种天然因素的总体，如与人类生活密切相关的空气、水源、土地、野生动植物等。人工环境是指经过人工创造的用于人类生活的各种客观条件，如用于人类生活的建筑物、公园、绿地、服务设施等。生活环境按其从小到大划分，可分为居室环境、院落环境、村落环境、城市环境等；按其用途可分为休息环境、劳动环境、学习环境、工作环境、旅游环境等。

（二）中职学校生活环境的内容

从地域角度来看，学校生活环境主要包括学校内部环境和学校周边的社区环境两大部分。由于中职生与普通中学生的学习内容、学习方式及学习目标截然不同，所以环境

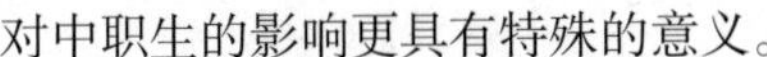

对中职生的影响更具有特殊的意义。

1. 学校内部环境

（1）学校的历史和现状

学校的发展历史，就是一个学校的发展历程，也就是一个学校什么时候建立，经历了怎样的发展壮大，专业的不断丰富以及发展前景。学校的现状，就是学校现在的具体情况。主要包括学校的规模、学校的硬件设施（教室、寝室、实训室、训练场等）、学生人数、学校的师资力量等。除此之外，要了解学校的声誉、办学效益、知名度，及学校自身实力、社会评价，这些主要通过学校获得的各项成绩、改革和发展的成果、社会的公信度等方面体现出来。

（2）校园文化

校园文化反映了一个学校的文化底蕴，它对学生的熏陶是不可忽视的，包括图书馆、各种宣传标语、校园广播、校刊校报、文化墙乃至建筑物的设计分布等。

2. 校园所处的社区环境

学生应对学校的周边环境进行了解，包括学校坐落的位置、乘车出行的路线、周边有哪些购物超市、所处社区的社会治安状况，派出所的分布、娱乐场所、餐饮设施，周围是否有少数民族聚居及他们的生活习惯是否特别等。

（三）了解学校生活环境的意义和主要途径

学生了解学校的生活环境，可以激发爱校热情；同时，可以帮助同学们尽快熟悉和适应环境，以便能够安心在校学习；而且还可以扩大学校的影响力，提高学校的知名度和美誉度。获取学校生活环境等信息，可以通过自己亲身到学校去参观、学校老师的宣传介绍、亲戚朋友的介绍、网络媒体的宣传、报纸杂志的报道、口碑相传等途径实现。

二、生活规则

（一）生活规则的含义

规则是指规定出来供大家共同遵守的制度或章程。规则可以是书面形式规定的成文条例，也可以是约定俗成的不成文规定。中职学生的生活规则是指中职学生在中职学校这个特定的环境中，应当共同遵守的学习、生活等方面的各项规章制度。规则在生活中有着很重要的地位。规则是我们平时工作、学习和生活中不可缺少的。很多事实都能说明这个道理，如买票要排队；走在马路上要遵守交通规则；甚至我们平时的一举一动都受到一定的约束，否则我们的生活将一团糟。如果我们总在一种强迫的环境下学习和生活，是很难进步的，而自律一旦成为习惯，就会觉得自由了。规则，指导人们不能干这个，不能干那个，限制人们做事的范围，对人们来讲多少都有些约束。但是，如果没有了规则，人活在世上是否就会得到百分之百的自由？这样进行比较，就应该明白规则对自身的重要性和必要性了。

毕达哥拉斯说：不能约束自己的人不能称他为真正自由的人。作为中职学生，应遵守《中等职业学校学生守则》《中等职业学校学生日常行为规范》及各学校根据自身实际制定的一些生活规则。对中职生进行生活规则的教育，除能使学生自觉地遵章守纪外，还能培养学生洗衣叠被、整理物品、清扫卫生、文明就餐、节水节电等生活能力。

（二）中职学校学生应遵守的主要生活规则

中职学校学生应遵守的生活规则主要包括：住宿、就餐、用水用电、医疗、外出乘车、图书借阅、使用运动场馆等方面的规则要求和注意事项等。

1. 住宿

学生宿舍是学生学习、生活、交友、休息的场所，是学校对学生进行素质教育的重要阵地，是展示学校校园文明的重要窗口。

（1）住宿学生应自觉遵守宿舍管理规定，服从管理，文明住宿。

（2）入住学生应按指定的房间、床位号住宿，未经批准不得私自调换。

（3）自觉保护学生宿舍楼内的各项设施、设备，若有损坏按规定赔偿。

（4）自觉保持室内整洁和参与室内卫生轮流值日，床铺和被褥每天要整理整齐，勤洗衣服和被褥。

（5）自觉维护公共场所环境卫生，养成良好的卫生习惯。禁止向楼梯走廊内泼水、堆放垃圾；禁止在阳台、走廊内堆放废弃物和悬挂有碍观瞻的物品。

（6）加强安全防范和自我保护意识，注意防火、防盗。

（7）禁止酗酒、赌博、打架斗殴，禁止大声喧哗以及其他各种有碍他人学习、休息的活动。

2. 就餐

就餐体现一个人的基本素养，要注意就餐礼仪，节约粮食，合理膳食，在规定的时间文明就餐。

（1）不要把胳膊肘放在餐桌上。

（2）不要一只手拿叉子，另一只手握杯子。

（3）不要张着嘴嚼东西，嚼东西时别出声。

（4）不要把食物拿在手上玩。

（5）如果出现排长队、食物不好吃，或者需要等待的情况时，不要抱怨。

（6）跟工作人员讲话，不要像对待仆人一样，要充满尊敬和善意。

3. 用水用电

自觉节约用水用电，做到人走灯灭，严格执行学校水电管理的有关规定；学生宿舍内禁止使用电炉、热得快、电热杯等大功率电器具；不准私接电线；因违反规定而对他人和公共财产造成损失的必须按规定赔偿。

4. 医疗

传统观念认为，救生是医生、护士和急救员的工作。其实，救生是每个公民生活中不可或缺的基本技能。作为中职学生，要熟悉学校医务室的分布位置，如有身体不适或生病，可以请同学帮助，及时通知生活老师或班主任（值班教师）。同时，还应了解并掌握一些基本的医疗卫生知识，提高自救互救意识，掌握基本的自救互救常识。

5. 外出乘车

乘车包括乘坐汽车和乘坐火车两方面。

（1）乘坐汽车的注意事项如下：

①在等候乘坐公共汽（电）车时，要在站台和指定地点等候车辆，不要站在车道（包

括机动车道、非机动车道）上候车。

②排队候车，按先后顺序上车，不要拥挤，以免给扒手可乘之机。上下车均应等车停稳以后，因为在车子还没停稳的时候，如果大家突然拦在车前，往往会使驾驶员措手不及。同时因为候车人的争抢，若被人挤倒或把他人挤倒，都可能引发事故。所以一定要记住，先下后上，不要争抢，现金不要带多，手机贴身放，饰品最好不要带；最好不要睡觉，对搭讪的人不要理会等。

③切忌吃、喝陌生人给你的东西。

（2）乘坐火车的注意事项如下：

①在火车上，不论是白天还是晚上，尤其是在夜间，切记不可与不相识的人轮流睡觉、看包，不然，犯罪分子会顺手牵羊，盗走你的行李。

②在列车靠站时，往往出现三多，即上下乘客多、找座位的人多、找行李架空位的人多。此时要特别注意防范犯罪分子浑水摸鱼，留神看好自己的行李物品；尤其是处在人挤人的情况下，不宜将自己的现金露出来，如果现金露出来被犯罪分子看见，就可能被抢或被盗；离座位上厕所、就餐、去会朋友、去排队打开水，或是在停车时下车买东西时，千万不可产生麻痹大意的思想，要密切防止行李被盗。

③切不可随便接过他人递来的饮料，尤其是已经开启的饮料。

④在车上要对那些坐立不安、东张西望、装疯卖傻碰擦他人的人保持高度的警惕。

6. 图书借阅

图书借阅程序如下：

（1）读者持本人借书证在工作人员处领取代书版。

（2）读者持代书板入库选书、并正确使用代书版。

（3）读者选好书后将借书证、所借图书、代书板一并交工作人员处以办理借阅登记手续。

（4）每证限借图书：科技书 2 本，文艺、社科各 1 本，总计不得超过 3 本。（各学校规定不同）

7. 运动场（馆）等注意事项

（1）熟知运动场（馆）的使用须知。

（2）严禁穿金属底鞋、高跟鞋进入运动场。

（3）严禁在运动场（馆）吃食物。

（4）严禁向运动场（馆）和下水道扔垃圾。

（5）要穿方便运动的服装。

（6）在指定的位置运动，服从管理者的安排。

（7）注意安全。

学以致用

1. 了解校园生活环境，适应校园生活环境。

2. 了解校园生活规则，能约束自己，自觉遵守校园生活规则。

第二节 心理健康

一、中职学生常见心理问题

中职学生的年龄主要集中在15岁至19岁之间，他们大多都是未能考上高中而选择的职业院校，这类学生个性差异非常大，心理问题主要表现为以下几个方面。

1. 自私

转型期以来的青少年，大都有程度不同的自私倾向。由于家庭教育方式的不当和社会的消极影响，有些青少年一直停留在有我无物的阶段，并没有把主观和客观、自我和环境有机整合起来。这种由自我概念发展障碍所导致的自我中心意识在行为表现上就是自私和没有责任感。自私是不健康的自我观念，同时又是其他异常心理和行为的根源。

2. 嫉妒

嫉妒的人不能见到别人比他强，只要发现别人比他强，他就眼红，常有“既生瑜，何生亮”之感慨。嫉妒往往是贪婪和不择手段的温床，它像盘踞在一个人心里的毒蛇一样，疯狂地吞噬着其人性中一切善良的东西，直至把这个人变成毒蛇，再去伤害他人。

3. 叛逆

一些青少年存在着严重的叛逆心理，这种叛逆心理产生于可怜的适应能力：经受不了批评、挫折和压力。从本能地任性胡来、我行我素，到不辨是非、不识好歹、以暴力抗拒家人管教，到糊里糊涂地走向死亡，就是叛逆性格的行为逻辑。

4. 自卑

自卑是缺乏自信心，遇事退缩，怀疑自己的能力，稍有不顺利就打退堂鼓，甚至无端地萌发出某种负罪感，这些都是自卑的表现。

5. 自恋

具有自恋心态的人唯我独尊，唯我独存，爱惜自己达到病态的程度。只愿享受，不愿付出；只要求权利，不愿尽义务；只追求权力，不愿负责任；只相信自己，不相信他人；自恋和孤独，经常如影随形地伴随在一起。

心理健康

6. 自残

自残指故意进行自我贬低或有目的地从事有伤人格尊严活动的一种行为心态，并不是指故意伤害其身体的自虐或自杀行为。尽管自残的目的或是为了进行自我保护，防御外界的攻击；或是为了进行报复，被认为是弱者向强者进行报复的现成手段。但是，无论哪种程度的自残，都是弱者的不健康心态表现，都不是最佳的选择。因为它会使当事人永远生活在其自我设计的阴影之中。

二、中职生常见心理问题原因分析

近年来，我国青少年的心理健康状况不容乐观。而中职生作为一个比较特殊的学生群体，心理问题比普通高中生显得更为普遍和复杂，其中的原因是值得我们思考的。只有深入了解问题的根源，从原因入手，才能更有效地去干预，提高中职学生整体的心理健康水平，帮助他们走好以后的人生道路。

（一）家庭因素对中职生心理健康的影响不容忽视

和普通高中相比，职校的学生来自于单亲家庭或重组家庭的比例比较高，例如有的班级，这样的孩子可以达到 50% 以上，而不少父母又没能处理好家庭的矛盾，最终伤害到无辜的孩子。这些孩子脆弱、敏感、孤僻、缺乏安全感，而在青春期表现得更加叛逆。父母对孩子的影响是全面而深刻的，有些父母不知道该如何正确地表达自己对孩子的关心和爱，用了错误的方式和方法，结果反而对孩子造成了伤害。所以，很多问题学生背后都有一个问题家庭或问题父母。这就提示我们不少孩子的问题还得从家庭入手，当然若有条件，开展家庭治疗会取得更好的效果。

（二）中职生来源和个人经历的复杂性决定了心理问题的复杂性

普通高中生一般都是由小学、初中、高中这么一路读过来，没有离开过校园，也很少经历重大的挫折。而中职生的来源和个人经历就要丰富得多。首先学生的组成比较复杂，有来自城市的，也有不少来自不同的区县和农村，有的同学已经步入过社会，有一定的社会经验，有的同学经历了多次转学甚至被退学的经历。还有的同学自认为社会经验丰富，看到了社会的某些阴暗面，却常常以偏概全，丧失了对社会和自己的信心，导致内心的矛盾和冲突。所以中职学校中很多学生或多或少都有自卑心理，把自己定位为一个“失败者”，不能正确地认识自我，难以全面地评价自己。其实他们内心又非常渴望被关注和认可，因而常常表现得桀骜不驯。因而，在进行心理健康教育时，一定要帮助中职学生重新认识自我，学会正确、全面地评价自己，重拾信心，重新给自己定位，学会把职校的学习当作是人生的一个新起点。

三、中职学生心理健康发展的途径与对策

（一）中职学生心理健康发展的途径

1. 通过体验成功培养自信和乐观的心态

中职学生虽然在基础教育中没有受到教师的重视，让他们感到了自己的失败，可是他们对成功的渴望还是非常强烈的，教师应该给予学生更多的成功体验，满足他们对成功的渴望。除了日常的基础教育外，教师应该多组织社会实践、集体活动等锻炼学生的其他能力，让学生从活动中意识到自己的价值，体验活动过程中的进步与成功，让学生改变自卑的心理状态，找回自信与乐观，实现心理的健康发展。

2. 通过理解鼓励增加信任和沟通

中职学生在正式进入中职学校的时候，由于基础成绩比较差，没有受到教师的关爱和鼓励，所以在中职教学中教师要给予学生更多的鼓励。中职学生的心理问题不是短时期内形成的，它是一个长期的过程。针对这些问题教师要以平等、信任、关心的态度去

对待学生，加强与学生间的交流和沟通，让学生对教师产生更多的信任。

（二）中职学生心理健康发展的对策

1. 充分尊重，给中职生更多信任与鼓励

根据实际交流，中职生很渴望得到老师的关注，学生很多问题的形成不是偶然的，而是有一个长期的过程，这些问题也绝不是靠简单的训斥、指责和处分等就能解决。因此，老师要以平等、关心、信任的态度对待学生，多一些宽容，少一些苛求；多一些倾听，少一些指责；多一些理解，少一些训斥；多一些引导，少一些处分。让学生在肯定激励中体验自尊和荣誉，实现个性的完善。

2. 预防与矫治学生的心理障碍

要预防与矫治学生的心理障碍，必须建立学校、家庭的整体和谐的育人环境，充分调动两方面的积极性，引导学生树立正确的人才观，破除“只有上大学才是成材”的片面认识，尊重每个学生的人格和特长，重视和发掘人才的多样性，不要歧视和嘲笑学业成绩差的学生，俗话说：“善用物者无弃物，善用人者无废人。”任何学生身上总是有闪光的东西存在着。

3. 组织多种活动，创造健康氛围

心理健康教育的内容要从学生身边的小事情、小问题入手，学生才会产生共鸣。只有从学生最感兴趣、最关心的热点问题入手，才能走进学生的心灵。只有从学生感到困惑的问题入手，学生才会积极参与、主动探究。让学生充分体验、充分感悟，增强他们正确处理问题、战胜困难、不怕挫折的信心和勇气。

4. 进行心理咨询，做好学生的心理辅导工作

学生的需求是多样的，但不一定都能得到满足，对心理需求得不到满足的学生，必须及时做好认真、耐心、科学的思想工作，疏通其心理障碍，从而化解其因得不到满足而留下的心理情绪，帮助他们消除障碍，养成健康的心理品质。

综上所述，学生积极乐观的生活态度和自信意志是他们心理健康发展的关键。帮助学生树立正确的人生观、世界观，树立远大的理想，确立人生目标，才能形成正确的生活态度，才能激发他们的自信，积极进取，顽强拼搏的奋斗精神，从而增强克服困难的勇气和不屈不挠的坚强意志，才能对自己的人生道路做出正确的设计并为实现其目标而不断奋斗。

第三节　常见传染性疾病的预防

一、青少年常见的传染性疾病

（一）流行性感冒

流行性感冒传播力强，病毒主要经飞沫直接传播，飞沫污染手、用具等也可造成间接传播。病后免疫力不持久。季节性流感在人与人之间传播能力很强，与有限的有效治

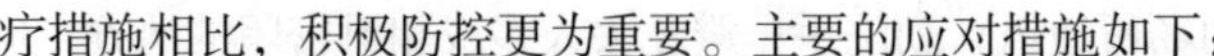

疗措施相比，积极防控更为重要。主要的应对措施如下：

（1）保持室内空气流通，流行高峰期避免去人群聚集的场所。

（2）咳嗽、打喷嚏时应使用纸巾等，避免飞沫传播。

（3）经常彻底洗手，避免脏手接触口、眼、鼻。

（4）流行期间如出现流感样症状应及时就医，并减少接触他人，尽量居家休息。

（5）流感患者应隔离 1 周或至主要症状消失。患者用具及分泌物要彻底消毒。

（6）加强户外体育锻炼，提高身体抗病能力。

（7）春秋季气候多变，注意加减衣服。

（8）接种流感疫苗。接种流感疫苗是其他方法不可替代的较为有效预防流感及其并发症的手段。疫苗需每年接种方能获得有效保护，疫苗毒株的更换由 WHO 根据全球监测结果来决定。

（二）传染性非典型性肺炎

传染性非典型性肺炎又称“非典”、重症急性呼吸综合征（SARS），是一种传染性极强的呼吸道传染病。世界卫生组织（WHO）将其命名为重症急性呼吸综合征。

本病为呼吸道传染性疾病，主要传播方式为近距离飞沫传播或接触患者呼吸道分泌物，可经过口、鼻、眼等部位侵入人体而引起传播。

1. 临床症状

潜伏期为 2 ～ 10 天。首要症状为发热，体温一般高于 38℃，并持续一段时间。伴有怕冷、头痛、肌肉酸痛、关节酸痛、干咳等，严重者出现呼吸加快，甚至呼吸困难。

2. 治疗

“非典”大流行期间，因缺少对“非典”发病原因的治疗，只能实行对症治疗，如发热、咳嗽等症状使用对应的药物，或者使用肾上腺皮质激素、抗病毒的药物等。目前，我国已研制出相关的药物来控制疫情。

3. 预防

（1）控制传染源。

①疫情报告。我国已将重症急性呼吸综合征列入《中华人民共和国传染病防治法》2004 年 12 月 1 日施行的法定传染病乙类首位，并规定按甲类传染病进行报告、隔离治疗和管理。发现或怀疑本病时，应尽快向卫生防疫机构报告。做到早发现、早隔离、早治疗。

②隔离治疗患者。对临床诊断病例和疑似诊断病例应在指定的医院按呼吸道传染病分别进行隔离观察和治疗。

③隔离观察密切接触者。对医学观察病例和密切接触者，如条件许可应在指定地点接受隔离观察，为期 14 天。在家中接受隔离观察时应注意通风，避免与家人密切接触，并由卫生防疫部门进行医学观察，每天测量体温。

（2）切断传播途径。

①社区综合性预防。减少大型群众性集会或活动，保持公共场所通风换气、空气流通；排除住宅建筑污水排放系统淤阻隐患。

②保持良好的个人卫生习惯。不随地吐痰，避免在人前打喷嚏、咳嗽、清洁鼻腔，

且事后应洗手；确保住所或活动场所通风；勤洗手；避免去人多或相对密闭的地方，应注意戴口罩。

（3）保护易感人群。

保持乐观稳定的心态，均衡饮食，多喝汤、饮水，注意保暖，避免疲劳，保证足够的睡眠以及在空旷场所作适量运动等，这些良好的生活习惯有助于提高人体对重症急性呼吸综合征的抵抗能力。

（三）水痘

水痘是一种比较常见的主要发生在儿童中的呼吸道传染病，以6个月—3岁的儿童发病率最高，近年来，中、小学学生发病率也很高。多发生于冬、春季，但病后可终生不再患此病。

1. 病因

水痘是由水痘病毒——带状疱疹病毒感染引起，而这种病毒感染成人常常发生带状疱疹。

2. 传播途径

水痘的传染性较强，主要是通过空气飞沫传播，或者是接触了病人“水疱”内的疱浆，以及通过沾染上疱浆的衣服等物品而被传染。从病人发病日起到皮疹全部干燥结痂都有传染性。

3. 临床症状

（1）病初1～2天有低热，以后出皮疹。皮疹先见于头皮、面部，逐渐延及躯干、四肢。

（2）最初皮疹是红色小点，1天左右变为水疱，3～4天后水疱干缩，结成痂皮。干痂脱落后，皮肤上不留疤痕。

（3）在得病的1周之内，由于新的皮疹陆续出现，而陈旧的皮疹已经结痂，也有的正处在水疱阶段，所以，在病人皮肤上可同时见到红色小点、水疱、结痂3种类型的皮疹。出皮疹期间皮肤痛痒。

4. 治疗

若发现水痘病人应尽早隔离，直到全部皮疹结痂为止。与水痘病人接触过的儿童，应隔离观察3周。该病没有什么特效治疗，主要是对症处理以及预防皮肤感染，保持清洁，避免挠抓，有感染的可外用抗生素软膏。

5. 预防

（1）接种水痘疫苗是一种非常有效的方法，可以起到很好的预防效果，并且所产生的保护作用可以长期存在。

（2）多喝水。

（3）加强体育锻炼，增强人体抵抗力。

（四）流行性腮腺炎

流行性腮腺炎简称流腮，俗称痄腮。四季均有流行，以冬、春季常见，是儿童和青少年期常见的呼吸道传染病。患者愈后可获终生免疫。

1. 病因

流行性腮腺炎是由病毒引起的呼吸道传染病。

2. 传播途径

病毒主要存在于病人唾液中，且时间较长，腮部肿胀前6天至腮部肿胀后9天都可能从病人口中排出病毒。流行性腮腺炎主要通过空气飞沫传播，在短时间内接触病人唾液所污染的食具、玩具等也能引起感染。

3. 临床症状

（1）一般先于一侧腮腺肿大、疼痛，后波及对侧。腮腺肿大以耳垂为中心，边缘不清，表面发热，有压痛感，张口或咀嚼时疼痛，尤其是吃硬的或酸的食物时疼痛加剧。4～5天后消肿。

（2）伴有发热、畏寒、头痛、食欲缺乏等症状。若出现嗜睡、头痛、剧烈呕吐等症状应及时就医。

（3）流行性腮腺炎还可能会引起一些并发症，如睾丸炎、卵巢炎、脑膜炎、胰腺炎、心肌炎等，后果更为严重。

4. 治疗

本病为自限性疾病，目前尚无抗腮腺炎特效药物，抗生素治疗无效，主要是对症治疗，隔离患者使之卧床休息直至腮腺肿胀完全消退。注意口腔清洁，饮食以流质或软食为宜，避免酸性食物，保证液体摄入量。可用利巴韦林及中草药治疗，紫金锭或如意金黄散，用醋调后外敷。体温达38．5℃以上可用解热镇痛药。并发脑膜炎者给予镇静、降颅压等药物。睾丸炎患儿疼痛时给予解热镇痛药，局部冷敷用睾丸托，可用激素及抗生素。并发胰腺炎应禁食，补充能量，注意水、电解质平衡。

5. 预防

（1）接种疫苗。这是预防流行性腮腺炎最有效的方法。

（2）加强体育锻炼，增强身体的抵抗力。

（五）传染性结膜炎

传染性结膜炎，俗称“红眼病”，或者“暴发火眼”。多见于春秋季节，可散发感染，也可在学校、幼儿园、工厂等集体单位广泛传播，造成暴发流行。

1. 病因

引起传染性结膜炎的可以是细菌，也可以是病毒。

2. 传播途径

传染性结膜炎主要是接触传播，即“眼—手—眼”的传播。接触病人用过的洗脸用具、游戏机、计算机键盘或者到病人去过的游泳池、浴池等地方游泳、洗浴，都有可能被感染。

（六）传染性肝炎

传染性肝炎是指由肝炎病毒引起的比较广泛的常见传染病。肝炎病毒常见的为甲、乙型。传染源为病人及病毒携带者。

1. 病因及传染途径

（1）甲型肝炎病毒引起甲型传染性肝炎。该病毒耐热，一般的消毒剂如高锰酸钾不能杀灭甲型肝炎病毒。病毒存在于病人的粪便中，粪便污染了食物、饮水，经口造成传染。多数预后良好，感染后能产生持久的免疫力，在幼儿园中易流行。

（2）乙型肝炎病毒引起乙型传染性肝炎。该病毒耐热。病毒存在于病人的血液、唾液、鼻涕、乳汁等中。含有病毒的极微量血液就能造成传染。可通过输血、注射血制品、共用注射器等途径传播。

由于病人的唾液和鼻咽分泌物中也有病毒，所以，日常生活密切接触，如共用牙刷、食具，也是传染的途径。

2. 临床症状

无论甲型、乙型传染性肝炎，在症状上都可分为黄疸型与无黄疸型两种。人感染了甲型肝炎病毒以后，约经 1 个月的潜伏期后发病，多为黄疸型肝炎。

人感染了乙型肝炎病毒，经 2 ～ 6 个月的潜伏期后发病，多为无黄疸型肝炎。

（1）黄疸型肝炎。

①病初类似感冒，相继出现食欲减退、恶心、呕吐、腹泻等症状，尤其不喜欢吃油腻的食物。

②精神不好，乏力。

③经 1 周左右，皮肤、巩膜出现黄疸，尿色加深，肝功能不正常。

④出现黄疸 2 ～ 6 周以后，黄疸消退，食欲、精神好转，肝功能逐渐恢复正常。

（2）无黄疸型肝炎。

症状比黄疸型肝炎轻，一般有发热、乏力、恶心、呕吐、头晕等症状，在病程中始终不出现黄疸。

3. 治疗

对于急性期患者的治疗，严格卧床休息特别重要，以及选择性地使用抗病毒药物治疗，饮食以合乎病人口味、易消化的清淡食物为宜。同时，还应忌酒、避免过度劳累以及使用损伤肝脏的药物。

4. 传染性肝炎的预防

（1）防止病从口入，讲究饮食卫生、个人卫生。饭前用肥皂、流动水洗手。水杯、牙刷不能混用。

（2）做好日常的消毒工作。对肝炎病人的食具、水杯、玩具以及便盆均要严格消毒。病人应隔离治疗。

（3）接种甲肝疫苗、乙肝疫苗，保护易感者。

（4）工作人员定期进行健康检查。

（5）用一次性注射器。

（6）避免“母婴传播”。认真做好产前检查，必要时及时给新生儿注射乙肝疫苗，患乙肝的母亲慎重对待母乳喂养。

（七）肺结核

在新中国成立前，肺结核又称为“肺痨”，因为其死亡率极高，所以谈起它无不令人恐惧。如今，肺结核在人群中的传播已得到了有效控制，对人们健康和生命的威胁已大大减轻。然而，由于青少年生长非常旺盛，身体各器官的发育处于相对的不平衡状态，当营养不良、疲劳过度、身体抵抗力下降时，就容易生病，因而肺结核在青少年中发病率仍然较高。

1. 病因

肺结核是由结核杆菌引起的慢性传染性疾病。

2. 传播途径

本病主要经呼吸道传播。病人咳嗽时，带有结核杆菌的飞沫浮游于空气中，可直接传播；病人吐出的痰干燥后，病菌散播于飞扬的尘埃中，也可造成传染；此外，牛奶消毒不彻底时，其内有一种名为牛型结核杆菌的细菌也会传播肺结核。

3. 临床症状

肺结核

（1）病初可有低热、轻咳、食欲减退等症状。

（2）病情发展则出现长期不规则低热、盗汗、乏力、消瘦等症状。

（3）若给予合理、及时的治疗，预后良好，原发病灶钙化；否则，病灶长期残留，有可能发展成继发性结核。

4. 治疗

一旦发现肺结核，应当及时进行药物治疗，应遵循的治疗原则是“早期、联合、适量、规律、全程用药”，并应定期复查胸部 X 光片。

5. 应对措施

（1）不要随地吐痰，扫地前先洒水以防尘土飞扬。牛奶要煮沸消毒后再喝，集体用餐要实行分餐制。

（2）肺结核病人一定要注意休息，隔离治疗，以防传染他人。

（3）为了早期发现肺结核，最好每年体检，做 X 光片检查一次，发现可疑症状者应进一步检查确诊。15 岁以下的少年，若没有接种卡介苗，应抓紧时间接种卡介苗，以增强免疫力。

（4）坚持锻炼身体，增强体质，保证蛋白质、维生素等营养物质摄入，这对加强抗结核能力有很大帮助。

（八）细菌性痢疾

夏季是腹泻的高发季节，细菌性痢疾在学校也比较常见，如果治疗不彻底就容易转为慢性病。

1. 病因

细菌性痢疾是由痢疾杆菌引起的肠道传染病，多发生于夏秋季。

2. 传播途径

病菌存在于病人的粪便中，粪便污染了水、食物等，经手、口传染。

3. 临床症状

（1）起病急，高热、寒战、腹痛、腹泻。一日可泻十到数十次，排便有明显的里急后重感（总有排不净大便的感觉），大便内有黏液及脓血。

（2）少数病人高热，很快抽风、昏迷，为中毒型痢疾。

4. 治疗

细菌性痢疾患者要卧床休息，吃容易消化、高维生素的饮食。要积极到医院就诊，并使用抗生素（如左氧氟沙星、诺氟沙星等）治疗和针对症状进行治疗。

5. 应对措施

（1）预防的关键是要做好饮食卫生。采购食品时，要选择新鲜的食品。另外，凉拌菜要少吃，吃时应洗净，并用冷开水冲洗。瓜果洗净去皮再吃。

（2）苍蝇与蟑螂等害虫可能会引起细菌性痢疾的传播。因此，消灭苍蝇与蟑螂也是预防的重要措施之一。

（3）充足的睡眠和丰富的营养有助于增强体力，也可以预防细菌性痢疾的传播。

（4）病人如果不能立即送往医院，在家中除了补充水分之外还需补充盐。

（九）新型冠状病毒性肺炎

新型冠状病毒肺炎是一种急性感染性肺炎，其病原体是一种先前未在人类中发现的新型冠状病毒，即 2019 新型冠状病毒。2020 年 2 月 7 日，国家卫健委决定将“新型冠状病毒感染的肺炎”暂命名为“新型冠状病毒肺炎”，简称“新冠肺炎”。英文名称为“Novel Coronavirus Pneumonia”，简称“NCP”。2 月 11 日，世界卫生组织（WHO）将其命名为 2019 冠状病毒病，英文名称为 Corona Virus Disease 2019（COVID-19）。

2020 年 1 月 30 日，WHO 宣布将新型冠状病毒肺炎疫情列为国际关注的突发公共卫生事件（PHEIC）。

1. 病因

新型冠状病毒肺炎是一种急性传染性疾病。主要是由 2019 新型冠状病毒（2019-nCoV）感染引起。

既往已知感染人的冠状病毒有 6 种，此次从武汉市不明原因肺炎患者下呼吸道分离出的冠状病毒属于第 7 种，即 2019 新型冠状病毒（2019-nCoV），目前研究显示与蝙蝠 SARS 样冠状病毒（bat-SL-CoVZC45）同源性达 85% 以上。

2. 传播途径

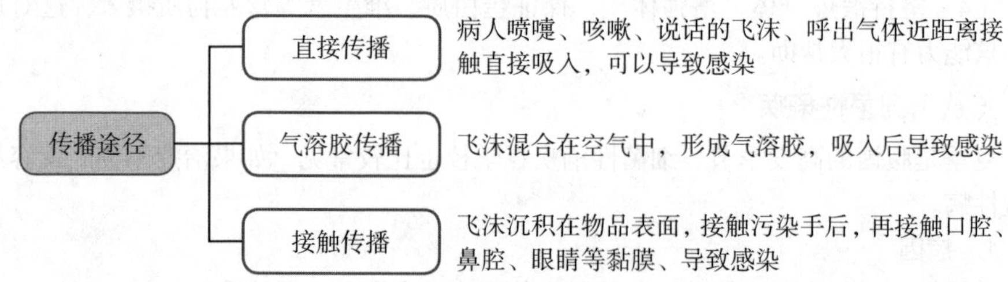

3. 典型症状

（1）以发热、乏力、干咳为主要表现；

（2）少数患者伴有鼻塞、流涕、咽痛和腹泻等症状；

（3）重症患者多在发病一周后出现呼吸困难 / 或低氧血症，严重者快速进展为急性呼吸窘迫综合征、脓毒症休克、难以纠正的代谢性酸中毒和出凝血功能障碍。

4. 治疗

截至 2020 年 1 月底，面对此次疫情仍然缺乏针对病原体的有效抗病毒药物，以隔离治疗、对症支持治疗为主。

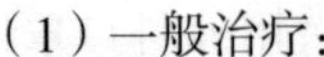

（1）一般治疗：

卧床休息，加强支持治疗，保证充分热量；注意水、电解质平衡，维持内环境稳定；密切监测生命体征、指氧饱和度等。

根据病情监测血常规、尿常规、C- 反应蛋白（CRP）、生化指标（肝酶、心肌酶、肾功能等）、凝血功能，必要时行动脉血气分析，复查胸部影像学。

根据氧饱和度的变化，及时给予有效氧疗措施，包括鼻导管、面罩给氧，必要时经鼻高流量氧疗、无创或有创机械通气等。

（2）药物治疗：

抗病毒治疗：目前没有确认有效的抗病毒治疗方法。可试用 α- 干扰素雾化吸入、洛匹那韦 / 利托那韦，或可加用利巴韦林静脉注射。要注意洛匹那韦 / 利托那韦相关腹泻、恶心、呕吐、肝功能损害等不良反应，同时要注意和其他药物的相互作用。

抗菌药物治疗：避免盲目或不恰当使用抗菌药物，尤其是联合使用广谱抗菌药物。

其他：根据患者呼吸困难程度、胸部影像学进展情况，在医生指导下酌情短期内（3～5天）使用糖皮质激素。

（3）中医治疗：

该疾病的中医治疗暂时缺乏循证医学证据支持。根据国家卫健委发布的《新型冠状病毒感染的肺炎诊疗方案（试行第五版）》，各地可根据病情、当地气候特点以及不同体质等情况，参照推荐的方案进行辨证论治。建议到正规医疗机构，在医师指导下治疗。

5. 应对措施

（1）饮食。

不食用野生动物（即野味），禽、肉、蛋要充分煮熟后食用；

注意营养、避免偏食、保证摄入食物多样化，尤其是新鲜蔬菜、水果等；

养成良好饮食习惯，按时按量用餐，避免暴饮暴食。

（2）运动。

积极锻炼，控制体重。此外，适度运动也有助于提高免疫力。

（3）日常病情监测。

注意监测体温，如有发热、乏力、咳嗽等症状应及时就诊。如发病前两周内有在疫源地居住或旅行史、有与确诊或疑似患者接触病史，或者有集体发病表现，需及时就诊并主动隔离。

（4）特殊注意事项。

潜伏期 1–14 天，多为 3–7 天。潜伏期具有传染性，无症状感染者也可能成为传染源。如有确诊或疑似患者接触病史，即使暂时没有发热等症状，也需要主动隔离。

解除隔离需要体温恢复正常 3 天以上，呼吸道症状明显好转，连续 2 次（至少间隔 1 天）病原体检测阴性。

（5）具体预防手段。

①尽量减少外出，不要去人群聚集处，避免近距离接触任何有感冒或流感样症状的人；

②外出前往公共场所、就医和乘坐交通工具时，注意佩戴医用外科口罩或 N95 口罩；

③不要接触、购买和食用野生动物（即野味），避免在未加防护的情况下接触野生动物和家禽家畜；

④注意手卫生，勤洗手，使用洗手液或肥皂，流水洗手，或使用含酒精成分的免洗洗手液；

⑤打喷嚏或咳嗽时不要用手去捂，要用手肘部或纸巾遮住口、鼻；

⑥居室及工作场所保持清洁，勤开窗，多保持通风状态；

⑦注意多喝水、多休息、避免熬夜、适度运动，以提高个体免疫能力；注意营养、合理饮食，肉类、禽类和蛋类要充分煮熟后食用；

⑧准备常用物资，如体温计、一次性口罩、家庭用消毒用品等。

二、预防传染病的有效办法

预防传染病必须针对传染病流行的 3 个主要环节，采取综合性措施。

1. 控制传染源

应做到“早发现、早隔离、早治疗”，以防止传染病的蔓延。因为病人是主要的传染源，病人得到及时控制，可减少传染病传播疾病的机会，病人也可早日康复。

在不同季节，多发的传染病不尽相同，如冬春季呼吸道传染病多发、夏秋季肠道传染病多发等。

2. 切断传播途径

要切实搞好疫源地的消毒、隔离管理。在发生烈性传染病时可考虑封锁疫区。对肠道传染病要做好隔离工作，呕吐物要经过严格的消毒处理，并加强对饮食、水源和粪便的管理。对呼吸道传染病除隔离外，还要注意通风换气，保持空气新鲜。

3. 提高易感人群的抵抗力

平时应养成良好的卫生习惯和生活习惯，多参加户外活动和适宜的体育锻炼，以增强机体的抵抗力。在传染病流行期间应保护易感者并不与传染源接触，并根据实际情况做好预防接种工作。

第四节　突发事件与紧急救援

一、校园突发事件及分类

（一）校园突发事件的含义

校园突发事件是指在校园内突然发生的，造成或者可能造成严重社会危害，影响学生的安全和正常生活、学习，需要采取应急处置措施予以应对的自然灾害、事故灾难、公共卫生事件和其他安全事件。

（二）校园突发事件分类

1. 自然灾害

洪水灾害、地震灾害、雷击灾害、泥石流灾害等。

2. 事故灾难

火灾事故、设施设备安全事故、拥挤踩踏事故、意外伤害事故等。

3. 公共卫生事件

食物中毒事件、传染病事件等。

4. 其他安全事件

财产失盗事件、来自校内外的袭击、伤害性事件、交通安全事件等。

突发事件对学生的正常学习、生活，乃至生命、财产安全产生极大的影响。根据《中华人民共和国突发事件应对法》的相关规定，突发事件应对工作实行预防为主，预防和应急相结合的原则，最大限度地减轻突发事件的影响。

二、积极参加学校组织的应对各种突发事件的应急演练

（一）应急演练的含义

应急演练是指各级人民政府及其部门、企事业单位、社会团体等组织相关单位及人员，依据有关应急预案，模拟应对突发事件的活动。

（二）学校组织应急演练的目的

1. 检验学校应急预案的实用性。
2. 检验学校应急物资、装备的准备情况。
3. 提高参与应急演练人员的应急处理能力和自救及互救技能。
4. 降低突发事件对学校造成的损失。

（三）参加应急演练的注意事项

1. 有特殊疾病不能参加演练的同学，应提前告知班主任，酌情免于参加。
2. 参加演练的同学原则上应穿着方便跑动的衣服和鞋子。
3. 接到疏散命令后，要沉着冷静，听从指挥，撤离时动作要快，但切忌争先恐后，相互推搡。
4. 如有同学在撤离的过程中跌倒，紧跟后面的一、二名学生应快速将其扶起后继续撤离，其他同学要绕行，不要围观、拥挤。
5. 到达撤离的指定位置后，应及时清点人数，如果发现人数不齐，应立即报告老师处理。
6. 演练结束后，如有受惊吓而引发心理不适者，应及时到心理老师处进行心理疏导。

三、掌握应急自救的基本知识和技能

（一）牢记紧急求助电话

1. 报警电话：110。
2. 火警电话：119。

3. 交通事故电话：122。

4. 急救电话：120。

5. 学校保卫部门的 24 小时值班电话。

6. 班主任老师电话。

遇到紧急情况，应该第一时间拨打相应的紧急求助电话，并马上报告老师及学校保卫部门。

（二）掌握基本的应急自救技能

1. 遭遇自然灾害、事故灾难时的逃生技巧

（1）遭遇地震时一定要镇静，迅速抱头、闭眼躲在各自的课桌、桌子等坚固的家具下面，当晃动停止后，应有组织、有秩序地迅速撤离到安全地带，切忌相互拥挤，撤离的过程中不能乘坐电梯。地震发生时如在室外，可原地蹲下不动，双手保护头部，注意避开高大建筑或危险物。

（2）遭遇洪水时，如果水势凶猛，来不及撤离，可爬上屋顶或附近的大树上，等待救援。并用身边的手电筒、旗帜、鲜艳的衣服等工具发出求救信号，以引起营救人员的注意。等待救援的过程中应注意保存体力，如有可能，穿好衣物御寒，吃一些高热量的食物（如巧克力、饼干等）、喝点热水以增强体力，千万不能直接饮用洪水，以免感染疾病。

（3）遭遇泥石流灾害时，应迅速向泥石流的横向（两侧）逃离，切不可顺泥石流沟向上游或下游跑动，一定要跑到比泥石流的流通区城更高的位置才安全，不得在泥石流的流通区域附近逗留，及时离开泥石流现场。

（4）遭遇强雷雨天气时，首先应关闭门窗，远离门窗，远离墙面，远离金属物品或疑似金属物品，到房间中间去，同时关闭室内电源，不使用任何电器（包括座机电话和移动电话）。如在户外，应迅速到低矮的地方去，切忌在大树下躲避雷雨，万不得已的情况下，必须与树干保持 3m 以上的距离，蹲下并双腿靠拢。也不可在空旷的高地躲避雷雨，万不得已的情况下，应双手抱膝，胸口紧贴膝盖，尽量低下头，同时丢弃身上的金属物品，如雨伞、项链、发卡等。

（5）遭遇火灾时，切忌惊慌、乱跑，要冷静地探索起火方位，确定风向。在火势蔓延前，朝逆风方向沿楼梯或消防通道快速离开火灾区域，不能乘坐电梯，更不能从楼上直接跳下。如果火势比较大、还伴有浓烟，逃生时要尽量使自己的身体贴近地面，浸湿自己的衣服，防止衣服着火，并用湿衣服紧紧捂住口鼻，防止吸入热烟和有毒气体。如果发现火势太大，不能逃出，应立即退回屋内，关闭靠近火源的门窗，用湿毛巾、衣服等堵住门窗的缝隙，防止热浪和有毒气体渗入，积极求救，等待救援，不到万不得已的情况，不能采取跳楼逃生的方法。

（6）遭遇拥挤的人群时，要时刻保持警惕，当发现有人情绪不对，人群开始骚动时，应立刻做好保护自己的准备，切忌往人群涌向的相反方向行进，如可能，可以适时离开人群。行进的过程中不能采用体位前倾或者低重心的姿势，即便鞋子被踩掉，也不要贸然弯腰提鞋或系鞋带；当发现自己前面有人突然摔倒了，要马上停下脚步，同时大声告知后面的人不要向前靠近。若被推倒，应设法靠近墙壁，身体蜷成球状，双手在

颈后紧扣，以保护身体最脆弱的部位。

2. 遭遇公共卫生、其他安全事件的自我保护技巧

（1）预防传染病的自我保护技巧。

注意个人卫生和防护，养成良好的个人卫生习惯。饭前、便后、打喷嚏、咳嗽以及外出归来后一定要按规定程序洗手。不随地吐痰，勤洗头，勤洗澡，衣服、被褥要勤换、勤洗、勤晒，保持室内空气流通，经常开窗换气。在传染病流行的季节应减少集会，减少去公共场所和人群集中地方的次数，必要的时候戴口罩外出；积极参加体育锻炼，增强身体的抵抗力。生活应有规律，劳逸结合，早睡早起，以免抵御疾病的能力下降。

（2）预防食物中毒的自我保护技巧。

养成良好的卫生习惯，不良的个人卫生习惯会把致病细菌从人体带到食物上去从而引发细菌性食物中毒。选择新鲜和安全的食品，食品在食用前要彻底清洁，尤其是生吃蔬菜和瓜果前要清洗干净，需加热的食物要加热彻底，尽量不吃剩饭、菜，不吃霉变的食物，不要误食有毒有害食物，不到没有卫生许可证的小摊贩处购买食物。饮用符合卫生要求的饮用水，不喝生水或不洁净的水。加强体育锻炼，增强机体免疫力，抵御细菌、病毒的侵袭。

（3）预防其他安全事件的自我保护技巧。

①预防财产被盗的自我保护技巧。最好的现金保管办法是存入银行。银行卡或存折要设置密码，密码不能与自己的身份证号码、生日日期、电话号码等相同，银行卡或存折不能与身份证放在一起。

贵重物品最好随身携带，不能将贵重物品放在寝室或教室里，不使用的情况下必须带回家中。外出或睡觉时必须锁好门窗，特殊情况下可以将贵重物品寄存在老师处。

②预防意外袭击伤害的自我保护技巧。外出时最好结伴而行，尽量避免穿行背街小巷，遇见形迹可疑的人，要提高警惕，远离可疑之人。若怀疑被不明身份的人跟踪时，可假装打电话，并大声说“我马上就到了，你们出来接我吧”，以此震慑对方。

若歹徒闯入校园行凶，应尽快拿起手边可以自卫的物品，防止被歹徒伤害。同时大声呼喊同学赶过来帮忙，切记以保护自己不受伤害为目的，不可过分逼迫歹徒，以防歹徒“狗急跳墙”。应牢牢记住歹徒的模样，以便歹徒逃跑后给公安机关提供线索。

同学之间发生矛盾时，首先要冷静下来，想一想矛盾发生的原因，看一看这里面有没有误会，多做换位思考，站在对方的立场上想一想。以宽容、大度的心态心平气和地和对方谈一谈，争取妥善化解矛盾。如无法化解矛盾或对方情绪激动时，务必及时报告老师，请老师处理，切忌和对方正面冲突、针锋相对甚至大打出手，以免遭受学校规章制度甚至法律法规的处理。

③预防交通事故的自我保护技巧。不骑、乘摩托车，不乘坐非法营运车辆；在有人行道的公路上行走时必须走人行道，在没有人行道的公路上行走时，应遵循靠右行走的原则，并尽量靠边行走，不能在路上追逐打闹。通过路口或横穿公路时应走人行横道线，没有人行横道线时，应仔细观察道路两边，确认安全后再迅速通过。骑自行车时应在道

路右侧靠边慢行，不得撒手骑车，转弯时应减速观察，并伸手示意转弯方向，不能骑车冲坡、载人。如遭遇交通事故，应牢记肇事车辆号牌，注意保护现场，为事故处理工作留下依据。

3. 掌握必要的急救技能

根据突发事件对人身、财产造成的不同影响，可以采取不同的应对措施。对未造成人身、财产影响的突发事件，应及时报告老师，由老师决定如何处置。对造成人员受伤的突发事件，必须在报告学校的同时，及时拨打紧急求助电话，等待专业医护人员到来之前，还可以采取一些必要的急救措施。

（1）如果伤者有大量出血的现象，且血流猛急，呈喷射状，则基本可以断定为动脉出血。急救方法是就地止血，一般应先让伤者躺下并绝对安静不动，在受伤处靠近心脏一端，采取用手指压住动脉血管以达到临时止血的目的，但不能长时间使用。

①面部出血。压迫颌外动脉，用拇指压迫下颌角前约 1.6 cm 的凹陷处。

②肩及上肢出血。压迫锁骨下动脉，用拇指压迫锁骨上凹陷的有脉搏跳动处。

③上肢前臂出血。压迫肱动脉，用拇指压迫上臂内侧肌肉凹陷处。

④下肢出血。压迫股动脉，两手大拇指重叠，用力压在大腿根部（腹股沟）粗大肌肉的内侧。

（2）对于陷入昏迷状态，且发生心跳、呼吸骤停的伤者，可以采取人工呼吸的方式进行急救。

①疏通呼吸道，将伤者下颌抬至耳垂连线与地面成直角。

②用手清除伤者口腔内异物。

③施救者先深吸一口气，对着伤者的口吹气，两嘴对紧不要漏气。吹气的同时用手捏住伤者的鼻孔，防止空气从鼻孔泻出，待伤者的胸部起伏扩张后即停止吹气，让伤者的胸壁自行回缩以呼出空气。如此反复进行，每分钟进行 12 ～ 14 次，每次吹气时间不超过 2s。

学以致用

（1）了解校园可能发生的突发事件有哪些。

（2）积极参与学校组织的各种应急疏散演练。

（3）掌握紧急情况下的逃生技巧和自我保护技巧。

（4）掌握紧急情况下自救及互救的基本知识和技能。

第八章 安全防范 铭记心间

关注校园安全是对学生生命的关怀，是对学生生存权的关注，是对学生生命价值的尊重，是对学生健康的主动保护。根据《中华人民共和国未成年人保护法》和《中华人民共和国预防未成年人犯罪法》等法律法规，校园安全管理是落实依法办学的重要手段和体现。学校加强校园安全管理，针对学生开展安全教育，对提高他们的安全意识具有十分积极的意义。

第一节 安全意识

一、安全意识概念

安全意识，就是人们头脑中建立起来的生产活动必须保障安全的观念，人们在生产活动中，对各种各样可能对自己或他人造成伤害的外在环境条件的一种戒备和警觉的心理状态。

良好的安全意识是指可以预见危害，给人以警示的意识。它对客观状态有能动性和推动作用，它作为一种精神力量，对个人、群体及社会都会产生影响。如果安全意识高、风险意识和危机意识超前，对未来发展中的危害有预见性，则能大大减少伤害，减少和控制事故发生率。

二、树立良好的安全意识

校园安全教育工作，关系到千家万户的幸福。安全工作已经列入学校日常工作，必须切实做好、抓好学校安全保卫工作，从而积极整治校园周边环境，积极创建平安校园。坚持预防为主、防治结合、加强教育、群防群治的原则，通过一系列的安全教育，不断增强师生的安全意识和自救自护能力；通过齐抓共管，营造全校教职员工重视安全工作的氛围，从而切实保障学校师生安全和财产不受损失，维护学校正常的教育教学秩序。

树立校园安全意识的最终目的，就是在学校教育教学各项管理中时时做到防范为主，使各级各部门领导、学校、社会、家长有目的、有意识地开展、配合、协助校园安全预防和管理的各项工作，高度警惕，及时消除隐患，建立校园安全防范体系，提高应对突发事件的水平和能力，减少校园各种安全事故的发生。

第二节　校园安全常识

一、上下楼梯防拥挤

因为学校各个班级下课放学的时间都是统一的，所以在上下楼梯的时候几乎都是全校同学一起上下，而楼梯的宽度和扶手的承重能力又是有限的，这就要求我们在上下课走楼梯时有所注意。

（一）行为规范

1. 上下楼梯时要文明礼貌，互相礼让，遵守秩序，相互爱护，靠右慢行。学校要进一步提高对安全工作的认识，高度重视楼梯间的安全隐患，经常性开展安全教育，制定在学生上下楼梯时发生紧急情况的疏散和抢救预案。

2. 不要在楼梯间快速猛跑、推推搡搡、追逐打闹，不要在楼梯间进行任何的娱乐玩耍，如滑楼梯，更不能在上下楼梯的时候搞恶作剧。

3. 爱护楼梯间的栏杆、照明灯具等设施，发现问题及时向老师报告。

4. 在楼梯通道内，上下楼梯都应该保持举止文明，人多的时候不拥挤、不起哄、不打闹、不故意怪叫制造紧张或恐慌气氛。师生上下楼梯，靠右行走，不快行猛跑，不你推我拉，要遵守秩序，礼貌礼让，做到安全、有序。如果你在上下楼梯时发现自己的鞋带松散了，应该要走到平台上没人走的地方才停下来系好，切记不可在上下楼梯的途中随意停下来，尤其是人多的时候。

5. 到专用教室上课一定要组织好学生有秩序地进入和离开教室，确保上下楼梯的安全。

6. 早上到操场、学校举行集体活动期间，同学们集中上下楼梯要排队，前后两人间隔一个台阶，班与班之间间隔三米，先下后上，上下楼梯时，同一台阶人数不要超过 4 人。

7. 如发现楼梯拥挤时，同学们应该立即停止前进。高年级的同学要主动礼让低年级的同学。下楼的学生应该尽量避免到拥挤的人群中，发觉拥挤的人群向自己行走的方向来时，应立即避到一旁，不要慌乱，不要奔跑，避免摔倒。顺着人流走，切不可逆着人流前进，否则，很容易被人流推倒。

8. 发生特殊事故时，同学们不能惊慌、不准擅自一窝蜂冲出教室，应由老师弄清情况，有组织有秩序地安排学生撤出教室。

（二）防范踩踏及措施

但如果万一不幸在上下楼梯时发生了踩踏应该如何应对呢？可以采取哪些防范措施呢？一旦发生踩踏，我们可以这样做：

1. 假如陷入拥挤的人流时，一定要先站稳，身体不要倾斜而失去重心。另外，在拥挤人群中时，应该左手握拳，右手握住左手手腕，平放于胸前，要微微向前弯腰，形成一定的空间，保证呼吸顺畅，以免拥挤时造成窒息晕倒。即使鞋子被踩掉，也不要弯腰捡鞋子或系鞋带，有可能的话，可先尽快转向坚固可靠的东西慢慢走动或停住，待人群过去后再迅速离开现场。

2. 若自己不幸被人群拥倒后，首先护住脑、颈和胸腔、腹腔。我们可以这样做：两手食指交叉相扣、护住后脑和颈部，两肘向前，护住双侧太阳穴；不慎倒地时，双膝尽量前屈，护住胸腔和腹腔重要脏器，再设法靠近墙角，身体蜷成球状，侧躺在地。

3. 当发现自己前面有人突然摔倒了，要马上停下脚步，同时大声呼救，告知后面的人不要向前靠近。

二、校园设施安全事故的预防与应对

针对学校设施造成的安全事故，了解一些基本的预防方法是能避免事故发生的。下面讲到的一些事项希望同学们在今后的学习生活中引起注意。

1. 远离校内外的蓄水池，尤其是不要在没有防护栏的蓄水池或者池塘边玩耍。

2. 夏天虽然炎热，但不能为了凉快就到宿舍楼的楼顶或者阳台上睡觉。

3. 不要把楼梯当滑梯，不要站在阳台栏杆上玩，也不要为走近路图省事攀爬学校的铁门或围墙。

4. 不要在篮球架、足球门栏和教室门栏上玩吊挂的游戏。

5. 在上铺睡觉的同学，头一定要睡在有护栏的一边。

不要随便进入学校的施工场地，更不能接近施工场地的石灰池。

知识拓展

甄别学校设施安全

学校设施包括教学楼、宿舍、道路、体育场地和设备以及机房车间等。对于设施设备的使用，首先要遵循使用规范和使用时间，认真接受学校和老师对设施设备使用的教育；其次发现有同学不按规定使用要及时劝阻和报告老师，发现有设施设备存在安全隐患应及时反映并提醒同学注意，要具备高度的安全警惕意识。

有关设施安全知识的获得途径：

1. 进校后，老师多次多角度的宣传强调。
2. 同学、学长、学姐的经验交流。
3. 报纸、新闻、微信等关于学校设施设备安全的消息。
4. 做一个用心的学生，多看、多想，多观察。
5. 树立安全意识，珍爱生命。

学以致用

学习了本节的知识，你一定对学校的设施安全有了一定的认识，有的同学可能对自己学校设施的安全隐患产生了一定的担忧，那么请你按照下面的表格对学校的设施安全进行一番细致的调查（表 8-1）！大家可以分工调查，每个同学负责一个项目，仔细检查后把检查结果递交给学校领导，督促学校早日消除存在的设施安全隐患，为同学们的学习生活提供一个安全无忧的环境。

表 8-1　教学设施安全检查表

检查时间：______年______月______日　　检查班级______

内容项目	所在位置	安全状况	处理意见	检查人（签字）	复查结果	复查人（签字）
门窗玻璃						
门窗锁栓						
电器开关						
照明电器						
电器线路						
实验仪器						
药品存放						
楼梯扶手						
教室						

三、宿舍要防火防盗

（一）宿舍防火的注意事项

1. 不私自拉接电线。
2. 不要使用 200W 以上的大功率电器，不使用“热得快”烧水。
3. 发现宿舍电线老化，及时通知负责老师进行修理。
4. 离开宿舍前要切断电源，关掉电灯。
5. 不在宿舍内生火做饭或点蜡烛看书。

宿舍防火安全

（二）火灾灭火及逃生技巧

1. 遇到发生火灾时，要沉着冷静，切勿惊慌失措。

2. 如果起了小火，不宜迅速打开大门。因为宿舍本来是一个密闭空间，氧气浓度一般。开门时，突然涌入的空气很可能起到助燃的作用。

3. 火势不大时要当机立断披上浸透的衣服或裹上湿被褥勇敢地冲出去，但千万不要披塑料雨衣。

4. 在浓烟中避难逃生，要尽量放低身体，并用湿毛巾捂住鼻嘴。

5. 不要盲目跳楼，可用绳子或把床单撕成条状连起来，紧拴在门窗档和重物上，顺势滑下。

6. 当被大火围困又没有其他办法可自救时，可用手电筒（夜间）、醒目物品不停地发出呼救信号，以便消防队员及时发现，组织营救。呼救，也是一种主要的解救办法。

7. 火势较小时，可利用身边的东西帮助灭火，如：水盆，用盆接水泼洒或用水杯分数次浇泼灭火；被单，将棉制被单或毛毯在水中浸透，从火源上方慢慢盖下，盖好后，再浇上少量的水；扫帚，将扫帚蘸水，用其拍打火，一只手用扫帚拍火，另一只手向火中撩水会更有效。

8. 使用灭火器时，要将喷嘴对准火焰根部左右摆动，由远及近，直至扑灭。火扑灭后要再浇些水，使之彻底熄灭，防止"死灰复燃"。

（三）宿舍防盗需要注意的几个问题

近几年来，学生宿舍多次发生钱物被盗案件，经校保卫处和公安部门现场勘察分析，原因是同学们的安全意识淡薄，加上平时不好的行为习惯而给违法犯罪分子可乘之机，直接或间接导致案件的发生。为了避免或减少宿舍钱物被盗案件的发生，校保卫处提醒同学们务必注意以下问题：

1. 最后离开寝室的同学要锁门，不要怕麻烦，要养成随手关、锁门的习惯。一时大意往往后悔莫及。某校女生陈某没有锁门就跑到相邻宿舍办事，几分钟回来后发现自己放在床上的钱包、手机、数码相机等价值5 000多元的物品被盗，她痛哭不已。

2. 学生宿舍大多是筒子楼，学生短时离开宿舍不锁门引发的溜门盗窃案经常发生，一般占入室盗窃案总量的三分之一或更多。由于此类案件多是现场作案遗留痕迹较少，所以，侦破难度很大。同学们去水房、上厕所、串门聊天或去买饭时不锁门，睡觉时不锁门等，都会留下隐患。我校近年来学生宿舍发生的盗窃案，大部分是因为短时不锁门引起的。

3. 不能留宿他人。年轻人热情好客很正常，但不可违反学校宿舍管理规定，更不能丧失警惕，引狼入室。如某同学在返校的火车上认识一位自称是某校研究生的男子，两人一见如故，相见恨晚，并结交为好朋友，几天后该男子到宿舍找他玩，正赶上他要上课，将该男子留在寝室，谁知该男子却将寝室现金、贵重物品席卷而去。事后经调查，某校根本无此人。

4. 对形迹可疑的陌生人应提高警惕。外来人员在宿舍里盗窃，有的是兜售物品的商贩，见宿舍管理松懈，进出自由，房门大开，往往顺手牵羊偷走现金衣物；有的是盗贼进宿舍"踩点"，摸清了情况，看准机会，就撬门扭锁大肆盗窃；还有盗窃学生宿舍的惯犯，打扮成学生模样在宿舍里到处乱窜，一遇机会就大捞一把。不管是哪一类型的盗窃分子，都有在宿舍里四处走动、窥测张望等共同特点，见到这类形迹可疑的陌生人，只要同学们多问问，往往会露出狐狸尾巴。即使不能当场抓住，也使盗窃分子感到无机可乘，不敢贸然动手，客观上起到了预防作用。

5. 寒、暑假，五一、国庆等长假，多数同学回家或外出旅游，只有少数同学留在宿舍，但这段时间往往有很多社会上的朋友和外校的学生来学校找留校的同学玩，由于来往人员较复杂，若不加强学生宿舍管理，容易发生盗窃案件。如2001年国庆期间，某学院学生李某初中的同学带着一帮人到学校找他玩，由于国庆节旅馆住宿紧张，李某出于好心，就让他们住在宿舍，但国庆长假李某的舍友回校后，发现宿舍的 4 台电脑的 CPU、内存条等物品被盗。后来公安机构侦破此案，查明这一帮人是一个盗窃团伙，利用同学或老乡的关系，多次到同学或老乡的宿舍作案，仅在国庆期间就盗窃了 15 台电脑的 CPU 和内存条。

（四）发现宿舍被盗的处置方法

1. 及时报案。如发现宿舍被撬，门窗被破坏，宿舍内箱子被翻。抽屉的锁被撬坏，就可断定宿舍已被盗，要立即向学校公安保卫部门报案，并报告给学校有关领导。

2. 保护好现场。发现宿舍被盗后，多数同学急于清点失物赶快翻动自己的柜子、箱子、抽屉，看看自己丢失了些什么，还有一部分同学则是出于好奇、关心等原因围观、安慰。结果等公安人员来勘查现场时，一些与罪犯有关的痕迹、物品就会消失或者难以找到，使公安人员难以对犯罪活动做出准确的判断，延误了破案的时间。

3. 如实回答前来勘查和调查的公安保卫人员提出的各种问题。如发案时或前后看到、听到的有关情况和当时可疑人员来往情况，或怀疑的对象；被盗的时间、地点、发现被盗的情况；被盗物品的名称、数量、用途和特征；保管和存放等问题。回答时，要认真回忆，实事求是。不要凭想象推测，力求全面、细致、准确。

4. 积极向负责侦破案件的公安人员提供情况，反映线索，协助公安保卫部门破案，也就是说，不要觉得此事无关紧要而忽略，也不要觉得涉及某个同学怕伤感情，公安保卫部门有义务为反映情况的同学保密。

（五）遇到歹徒半夜间闯进宿舍怎么办

1. 不要过于惊慌或者贸然采取措施，歹徒做贼心虚，他们在行凶抢劫的时候往往比我们还要惊慌。所以，要想办法报警或告知值班老师。

2. 见机行事。如果只有一个歹徒，而且比较虚弱，在保证生命安全的情况下，同学们可以将歹徒制服。

3. 如果歹徒持有凶器并且人多势众，同学们要见机行事，毕竟生命是最重要的。

4. 同学之间要团结协作，互相帮助，齐心协力对付歹徒。

5. 在拨打 110 时，需要知道 110 系统是从总局到分局分层下达的，偶尔 110 系统也会出问题，出现无法到达人工接听的环节，或是 110 非常繁忙无法及时挂机，应该记得自己被管辖派出所的电话，直接打派出所电话是最好最快的方式，所以请大家牢记自己所在派出所的电话。

知识拓展

校园盗窃

校园盗窃案件的主要形式有三种，即内盗、外盗、内外勾结盗窃。内盗是指学校内部人员实施的盗窃行为。根据有关资料统计，在校园发生的盗窃案件中，内盗案件占一半以上。作案分子往往利用自己熟悉盗窃目标的有关情况，寻找作案最佳时机，因而易于得手。这类案件具有隐蔽性和伪装性。外盗是相对内盗而言的，是指校外社会人员在学校实施的盗窃行为。他们利用学校管理上的疏漏，冒充学校人员或以找人为名进入校园内，盗取学校资产或师生财物。这类人员作案时往往携带作案工具，如螺丝刀、钳子、塑料插片等，作案时不留情面。内外勾结盗窃是学校内部人员与校外社会人员相互勾结，在学校内实施的盗窃行为。这类案件的内部主体社会交往比较复杂，与外部人员都有一定的利害关系，往往结成团伙，形成盗、运、销一条龙。

一般盗窃案件都有以下共同点：实施盗窃前有预谋准备的窥测过程；盗窃现场通常遗留痕迹、指纹、脚印、物证等；盗窃手段和方法常带有习惯性；有被盗窃的赃款、赃物可查。由于客观场所和作案主体的特殊性，校园盗窃案件还有以下特点：

1. 时间上的选择性

作案人为了减少违法犯罪风险，在作案时间上往往进行了充分的考虑，因而其大多在作案地点无人的空隙实施盗窃。

2. 目标上的准确性

校园盗窃案件特别是内盗案件中，作案人的盗窃目标比较准确。由于大家每天都生活、学习在同一个空间，加上同学间互不存在戒备心理，东西随便放置，贵重物品放在柜子里也不上锁，使得作案分子盗窃时极易得手。

3. 技术上的智能性

在校园盗窃案件中，作案主体具有特殊性，高智商的人较多，校园盗窃有的本身就是学生。在实施盗窃过程中对技术运用的程度较高，自制作案工具效果独特先进，其盗窃技能明显高于一般盗窃作案人员。

4. 作案上的连续性

“首战告捷”以后，作案分子往往产生侥幸心理，加之报案的滞后和破案的延迟，作案分子极易屡屡作案而形成一定的连续性。

四、乘电梯时不打闹

电梯是人们日常乘坐工具，现代电梯的设计最大限度地考虑到乘客的安全，但这并不能保证设备在任何情况下不出意外。作为乘客，在电梯正常运行时要做到安全文明使用电梯，在电梯发生故障时则必须提高自我保护意识，防止危险发生。

（一）乘坐电梯时必须注意以下事项

1. 电梯到达时，应该看清电梯轿厢是否在本层，不可盲目跨入，防止外层门开着而轿厢不在本层，造成跌入井道的事故。在电梯开关门时，不要触摸轿门，以免夹手。

2. 乘坐电梯时，不要在轿厢内玩闹或跳跃，以免发生困人故障；不随便触摸电梯内的按钮、开关，防止盲目操作而引起故障和损坏按钮；保持轿厢内清洁，勿将碎石、垃圾等物踢入电梯坎沟（槽）内。

3. 当电梯门快要关上时，千万不要强行进入电梯，更不能一只脚在内、一只脚在外停留，以防被电梯门挤伤；电梯若报警超载，部分乘客应主动出去。

4. 地震、火灾时，勿使用电梯逃生。

5. 电梯伤人事故大多发生在门口（人员被运动中的轿厢挤压）或空井道（人员坠落）。电梯发生故障时，远离这两个地方你的安全就有了保障。

6. 电梯在修理过程中，万一工作人员疏忽忘记放警告标志和护栏而开着厅门作业，千万不可出于好奇往井道里探头，永远不要靠近开着门的电梯井道，防止坠落。

7. 如果你被关在轿厢里，唯一的正确出路是设法请求救援。千万不可强行扒门出逃，停在两个楼层之间的轿厢和扒开的厅门会把你置于双重危险中。在你向外爬的过程中，万一电梯运行，人即刻被门框和轿厢挤压！如果你侥幸爬出了轿厢，当你试图向下跳到楼层地面时，身体极易失去重心而坠入空井道。

（二）电梯运行中突然停电怎么办

电梯运行中如果遇到突然停电或电线路出现故障，电梯会自动停止运行，不会有什么危险。电梯本身安装有电气机械安全装置，一旦停电，电梯的制动器会自动制动，使电梯不能运行。另外，供电部门如果有计划地停电，事先会有通知，电梯会提早停止运行。

（三）被困电梯如何自救

万一电梯发生故障，被困在电梯内，千万不要乱踢乱打，更不要破坏电梯内的呼救监控设备。最好的方法就是按下电梯内部的紧急呼叫按钮，这个按钮一般会跟值班室或者监视中心连接，你要做的事就是耐心等待救援。

如果报警无效，或手机打不出去，可以大声呼叫，或者拍打电梯的壁门，用鞋子拍门更响一点，目的就是让这种求救的信号传递出去。如果暂时没有人经过，被困乘客最好保持体力，间歇性地拍门，尤其是听到外面有人再拍，以便引起过往人的注意。在救援者尚未到来时，被困者不要不停地呼救，要保持体力，冷静观察动静，耐心等待救援。

五、校内外交通多留心

上学、放学和外出活动，我们几乎天天要在道路上行走。走路要保证安全，这里面的学问可多着呢！有不少行人，因为没有掌握好安全横过道路的要领，结果丧生于汽车轮子底下。

横过道路时，要选择有人行横道的地方。这是行人享有“先行权”的安全地带。在这个地带，机动车的行驶速度一般都要减慢，驾驶员也比较注意行人的动态。在没划有人行横道的地方横过道路，要特别注意避让来往的车辆。避让车辆最简单的方法是：先看左边是否有来车，没有来车才走入车行道；再看右边是否有来车，没有来车时就可以安全横过道路了。横过道路不走人行横道，随便乱穿，或者在汽车已经临近时急匆匆过道路，都是十分危险的举动。

1. 乘车

同学们在乘坐公共车辆时，应该遵守公共秩序，讲究社会公德，注意交通安全。候车时，应依次排队，站在道路边或站台上等候，不应拥挤在车行道上，更不准站在道路中间拦车。上车时，应等汽车靠站停稳，先让车上的乘客下完车，再按次序上车，不能争先恐后。上车后，应主动买票，主动让座给老人、病人、残疾人、孕妇或怀抱婴儿的乘客。车辆行驶时，要拉住扶手，头、手不能伸出车窗外，以免被来往车辆碰擦。下车时，要依次而行，不要硬推硬挤。下车后，应随即走上人行道。需要横过车行道的，应从人行道内通过；千万不能在车前车尾急穿，这样很不安全。

2. 道路不是游戏场

道路是为了交通的便利而建造的。道路上车辆川流不息。交通十分繁忙，如果我们随意地在道路上玩耍、游戏、追逐，把它当作“游戏场”，放学以后在道路拉开“场子”踢足球、打羽毛球，既妨碍车辆的通行又会被车辆撞伤，是不允许的。在人行道上跳橡皮筋、跳绳、踢毽子，会给行人的通行带来困难，是妨碍交通的。在道路上追追打打，车前车后乱穿，甚至相互扔石子，这就更容易出事故了，另外一些同学，因为不懂得在道路上玩耍的危害性，甚至在道路中间拦车、追车、扒车和向汽车投掷石块，以此为乐，这是最危险的举动，一旦被车撞倒，后果不堪设想。

道路不是游戏场所，不能在道路上玩耍。我们要互相提醒，大胆劝阻，当一名维护交通安全的“宣传员”。

3. 避让转弯车辆

当汽车的方向灯一闪一闪时，告诫人们，汽车要转弯了。我们应该注意避让转弯车辆。现代汽车的转向，都是依靠前轮来转向的。随着前轮的转动，汽车车身也逐渐改变方向。汽车转弯时所占用的空间往往大于车辆固有的宽度。前轮行驶的轨迹不与后轮的轨迹重合，也就是说，前后两只轮子不会走在同一条弧线上，而是有一定距离差别的。这就是汽车转弯的“内轮差”。由于这种“内轮差”，使汽车转弯时，前轮可以通过道路的某一物体，而后轮却不能通过。

懂得了汽车转弯的基本原理后，我们在道路上碰见转弯的车辆时，不能靠车辆太近，不要以为汽车的车头可以过去，就没有事情了。其实如果你离转弯汽车太靠近，就很可能被车尾撞倒。

4. 为了避免交通事故再次发生，我们需要注意以下事项

（1）进出校门口时，骑自行车的同学必须下车推行。

（2）不在道路上骑快车，不做危险动作，不要骑无铃、无闸或车闸失效的自行车，更不要骑自行车载人。

（3）自行车应有序停放在学校规定的地点，不随意停放在影响校内交通的地方。

（4）在步行经过学校的十字路口或拐角的地方时，一定要停下来观察前后左右有无来往车辆，然后慢行通过，千万不要跑步通过这些地段。

（5）爱护校内交通标志，不损坏、移动校内的交通标志。

5. 遇到交通险情怎么办

（1）想办法及时避险，若遇到速度很快的车辆或者违规的车辆应及时躲避。

（2）躲避不及，不幸被剐蹭后，应立即记下肇事车辆的车牌号，以防肇事司机逃逸。

（3）若被撞骨折，不影响安全的前提下等待专业人事救援。

（4）若遇到同学被车撞伤，要想办法援助受伤的同学，帮助其止血或者拨打求救电话。

第三节 实践安全

一、实验室、实训室安全

实验实训教学是职业学校培养学生实践能力的重要环节，对于广大学生学习科学研究方法等都具有积极的意义。但是在实验实践中，火灾、烫伤、中毒、触电等安全事故屡见不鲜。这不仅影响正常的教学，还严重威胁师生的人身安全和国家的财产安全。为了消除这些安全隐患，学生在遵守学校及学科专业实验教学规定的同时，自身更要加强防范意识，懂得如何规避和处理实验室发生的安全问题。

（一）实验室、实训室常见的安全事故

实验室、实训室常见的安全事故多种多样，原因也不尽相同，表 8–2 中列举出一些实验室、实训室常见的安全事故。

表 8–2　实验室、实训室常见的安全事故

<table>
<tr><th>事故</th><th colspan="2">原因</th></tr>
<tr><td rowspan="4">火灾</td><td colspan="2">1. 忘记关电源，致使设备或电器通电时间过长，温度过高。</td></tr>
<tr><td colspan="2">2. 操作不慎或使用不当，使火源接触易燃物质。</td></tr>
<tr><td colspan="2">3. 供电线路老化，超负荷运行，导致线路发热。</td></tr>
<tr><td colspan="2">4. 乱扔烟头，接触易燃物质引起火灾。</td></tr>
<tr><td rowspan="3">烫伤和灼伤</td><td rowspan="3">烫伤和灼伤主要是机电伤人，多发生在有高速旋转或冲击运动的机械实训室、带电作业的电气实训室和一些有高温气体、液体产生的实训室。</td><td>1. 操作不当或缺少防护，造成挤压、甩脱和碰撞伤人。</td></tr>
<tr><td>2. 违反操作规程或因设备设施老化而存在故障和缺陷，造成漏电触电和电弧火花伤人。</td></tr>
<tr><td>3. 使用不当造成高温气体、液体伤人。</td></tr>
<tr><td rowspan="3">中毒</td><td colspan="2">1. 违反操作规程，将食物带进有毒实训室，造成误食中毒。</td></tr>
<tr><td colspan="2">2. 设备设施老化，存在故障或缺陷，造成有毒物质泄漏或有毒气体排放不出。</td></tr>
<tr><td colspan="2">3. 管理不善，造成有毒物品散落流失，引起环境污染。</td></tr>
<tr><td>爆炸</td><td colspan="2">爆炸事故多发生在存放有易燃易爆物品和压力容器的实训室。酿成这类事故的直接原因是违反操作规程，引燃易燃物品，进而导致爆炸，或由于设备老化，存在故障或缺陷，造成易燃易爆物品泄漏，遇火花而引起爆炸。</td></tr>
</table>

（二）遭遇安全事故的紧急处理

1. 皮肤烫伤的处理

如被高温开水、热汤、热油、蒸汽等烫伤，轻者皮肤潮红、疼痛，重者皮肤起水泡，表皮脱落。发生烫伤后，可按如下方法处理：

（1）立即小心地将被热液浸透的衣裤、鞋袜脱掉。紧急情况下可用剪刀剪掉衣物，防止高温热液停留过久造成皮肤损伤。

（2）尽可能不要擦破水泡或表皮，以免引起细菌感染。为了防止烫伤处起水泡，可用食醋洗涂患处，也可以用鸡蛋清擦患处。如果水泡已经被擦破，可用消毒过的纱布覆盖伤处，然后送医院治疗。

（3）轻度烫伤或烫伤面积较小，可用鸡蛋油涂患处。鸡蛋油的做法是：取鸡蛋 1 个，去掉蛋清，将蛋黄放在锅里不加油炒到发焦，最后慢慢熬出鸡蛋油来，待鸡蛋油冷却后，即可使用。

（4）重度烫伤后应迅速拨打 120 救护或送医院诊治，不可延误。

2. 烧伤的处理

烧伤是日常生活、意外事故、生产劳动科学实践等常见的损伤。烧伤主要是指火焰的高温对人体组织的一种损伤，常由火灾、易燃物（煤气、汽油、煤油）爆炸等引起。轻度、小面积的烧伤对人体健康影响不大，但是特别疼痛。重度烧伤容易导致休克、感染，甚至死亡。烧伤的分类按烧伤的深度估计，一般采用三度四分法，即一度烧伤、浅二度烧伤、深二度烧伤和三度烧伤。

一度烧伤：表现为受伤处皮肤轻度红、肿、热、痛，感觉过敏，无水泡。

浅二度烧伤：表现为受伤处皮肤疼痛剧烈、感觉过敏，有水泡；水泡剥离后可见创面均匀发红、潮湿、水肿明显。

深二度烧伤：表现为受伤皮肤痛觉较迟钝，可有或无水泡，基底苍白，间有红色斑点；拔毛时可感觉疼痛。

三度烧伤：皮肤感觉消失，无弹性，干燥，无水泡，蜡白、焦黄或炭化；拔毛时无疼痛。烧伤的急救原则是保护创面，镇静镇痛，采取准确果断措施和方法应对。

发生烧伤后应根据不同的情况采用不同的方法。如果被火焰直接烧伤应迅速离开火源；当身上着火时不要惊慌，脱去着火的衣服，或就地慢慢打滚将火压灭等，注意：身上起火时千万不可乱跑，以免风助火燃，加重烧伤。火势很旺时不可用手扑打，以免烧坏手指。在火灾现场尽量用湿毛巾捂住口鼻，少说话，尤其不能大声呼叫，以防吸入高温烟雾烧伤呼吸道。被蒸汽或热的液体烫伤时，应立即将烫伤部位的衣服脱掉，可防止烫伤加重。因触电烧伤者应立即切断电源。对于烧伤面积小和四肢的烧伤，可用冷水冲淋或浸泡，能起到减少损害、减轻疼痛的作用。浸浴时间一般为半小时或到不痛时为止。胸背部烧伤的伤员，救助者可将干净的毛巾盖在其创面上，然后用凉水向上浇，以减轻疼痛。

被烧伤的创面要用清洁的被单或衣服简单包扎以防止感染。注意不要将创面上的水泡弄破，也不要在创面上涂抹任何治疗烧伤的药品，避免感染和加重损伤。大面积烧伤的患者若清醒，则会口渴，此时只能给其喝温热的盐水而不能喝淡水，否则会加剧日后的水肿等严重情况。因爆炸燃烧受伤的伤员，创面污染严重，不要强行清除其创面上的衣物碎片和污物，简单包扎后立即送往医院治疗。对于心跳、呼吸停止者，要迅速给予心肺复苏治疗施以人工呼吸急救。四肢大出血者应上止血带。伴有骨折的伤者要给予简单固定。烧伤伤员都有不同程度的疼痛和紧张，可给予口服的镇静镇痛药物。但是有呼吸道烧伤和颅脑损伤的患者禁用。对使用药物的名称、剂量、给药时间和途径必须详细记录，以免造成药物过量而中毒。烧伤患者在送往医院途中应采取未烧伤一侧的卧位，尽量保持最小的损伤。

3. 化学物质灼伤的处理

化学物质灼伤主要有酸类（如硫酸、盐酸、硝酸等）和碱类（如氨水、石灰、纯碱、烧碱）等物质发生的事故。酸类物质会使组织蛋白凝固、细胞脱水，故酸类物质灼伤一般创面较浅，表面可见到干痂。而碱类物质的灼伤则不同，由于碱离子能与组织蛋白结合生成可渗性酸性蛋白酸化脂肪组织，故碱性物质灼伤的创面会逐渐加深，且愈合缓慢。

对于化学物质的灼伤应争分夺秒进行抢救，具体方法如下：

（1）清除化学物质。应尽快让伤员离开现场，紧急情况下可采取措施帮其迅速脱下被化学物质玷污的衣服，用大量的自来水、井水等清洁水冲洗创面半个小时左右。

（2）使用中和剂。若为酸类物质灼伤，可用弱碱（如小苏打、肥皂水等溶液）中和；若为碱性物质灼伤，可用弱酸（如食醋、氯化铵等溶液）中和。但在未用清洁水冲洗前不能使用中和剂，否则中和反应时放出的热量会加深皮肤的灼伤。

（3）对症处理。清洗、中和后的创面，可用消毒纱布、干净手帕等包扎，以免细菌感染。由于强酸、强碱致伤可产生剧烈疼痛，严重者甚至会发生休克，故可酌情使用镇痛、镇静剂。在抢救过程中，要随时注意伤员的全身情况变化，如呼吸、脉搏等，若有变化应对症施救。经过上述初步处理后，应拨打120急救电话将伤员送往医院治疗。

（三）实验室、实训室安全事故预防措施

1. 严格执行操作规范

预防实验室的安全事故的方法各异，但总的来说，关键就是要严格执行操作规范。

（1）严格遵守操作规程，在指导老师的指导下进行实验操作。

（2）学习消防知识，熟悉实验室的消防器材并学会使用，熟悉消防通道的位置。

（3）实验前详细熟悉实验内容，了解实验原理及操作细节，注意上课老师所告知的注意事项。实验进行中有任何状况或疑问，随时寻求指导老师的帮助，切勿私自变更实验程序。

（4）实验前先了解实验设备的性能、配备及正确的操作方法。零件及附件严禁私自拆卸和调整，并注意插座电压（110V或220V）之类别。切勿触摸电极或电泳槽内溶液，湿手切勿开启电源。

（5）注意身体安全，在实验室内应穿实验衣（最好长及膝盖下），配戴眼镜或安全护目镜，避免暴露肌肤。留有长发者，应戴帽套将头发卷入套内，或以橡皮圈束于脑后，

以防止引火危险或污染实验。

（6）化学物品的安全使用。易燃、易爆、剧毒等化学试剂和高压气瓶要严格按有关规定领用和存放保管。不要使用不明成分的物质，不要任意混合各种试剂，以免发生意外事故。浓酸、浓碱制剂具有强腐蚀性，应避免溅落在皮肤、衣物、书本上，更要防止溅入眼睛里。

（7）实验结束后，不要急于离开实验室，要对实验室进行全面清理，再洗净双手，关闭电源、水源、气源，处理残存的化学物品、易燃的纸屑等杂物，消灭火灾隐患。

2. 防火防爆炸

（1）学习消防安全知识，强化安全意识。建立防火安全工作制度和责任制度，经常组织实验室工作人员和参加实验的学生学习消防安全知识，使其熟悉实验室的消防通道位置及其配备的消防器材，并学会使用消防器材（表8-3）。要经常对实验室内的仪器、设备、电气线路、危险物品进行安全检查。

（2）实验室内的电炉或其他明火因实验需要使用，必须远离可燃物和易燃易爆化学物品，使用中要时刻注意消防安全，停电或停用后要及时切断电源。

（3）进行可能发生爆炸的实验，必须在特殊设计的防爆炸的地方进行，并注意避免发生爆炸时爆炸物飞出伤人或飞到有危险物品的地方。使用爆炸性物品要避免撞击、强烈震荡和摩擦。

（4）使用微波炉加热，不可有铝箔等金属物品，瓶盖必须打开，以免爆炸。加热后戴防热手套取出瓶子，务必轻轻摇晃，确保不会突沸。此外，电磁炉等使用前应熟悉操作规范，严防爆炸或烫伤。

（5）做实验时不要将与实验无关的物品带进实验室，不要在实验室内存放可燃易燃物品。保持实验室内外消防安全通道畅通，严禁占用走廊堆放物品。

（6）严禁在实验室和实验大楼内吸烟，特别是使用易燃易爆的有机溶剂做实验时，更要保证没有明火存在。有易挥发和易燃物质的实验，应在远离火源的地方进行，最好在通风橱内进行。

（7）加热试管时，不要将试管口对着自己或别人，也不要俯视正在加热的液体，以免液体溅出受到伤害。

（8）使用高压容器做实验，要严格检查，防止气体和液体泄漏；高压容器严禁暴晒，并远离热源，容器充装不宜过满，且必须专瓶专用，不准随意充装其他气体，并要设有明显的识别标志。

（9）散落的易燃易爆物品必须及时清理，含有燃烧、爆炸性物品的废液废渣应妥善处理，不得随意丢弃。

（10）实验结束后应该全面检查实验室，尤其是要及时关闭电源、清除火灾隐患。

表 8-3　常见灭火器的选择和使用

灭火器种类	内装药剂	用途	效能	使用方法
泡沫灭火器	硫酸氢钠、硫酸铝和发泡剂	扑灭油类火灾，电气火灾忌用	10 升型号射程 8 米，喷射时间 60 秒	倒过来，摇晃，打开开关，喷射
酸碱灭火器	碳酸氢钠水溶液、硫酸	扑灭木材、棉花、纸张等火灾，电气、油类火灾忌用	10 升型号射程 10 米，喷射时间 50 秒	倒过来，溶液随即喷出
二氧化碳灭火器	液态二氧化碳	扑灭贵重仪器、设备和电气火灾，钠、钾、镁、铝、乙烯忌用	3 千克型号射程 3 米，喷射时间 30 秒，有毒	打开开关，随即喷射
干粉灭火器	碳酸氢钠干粉、高压二氧化碳	扑救石油、石油产品、油漆、有机溶液和电气等火灾，乙烯、二氧化硫等火灾忌用	8 千克干粉喷射时间 15 秒，射程 45 米，无毒	提起圆环，干粉随即喷出

3. 防创伤防噪音

理工类专业（如机电工程、汽车加工、土木工程等）往往会开设金工实习、建筑勘测等实验课，在实验进行时，很容易由于操作不当，从而导致一些意外伤害发生。同时，也会产生较大的噪音，长期生活在噪音很大的环境中，人会感到疲倦不安、思想不集中，甚至造成耳鸣、耳聋等严重后果。

（1）在有较大噪音环境中进行实验时，应注意个人防护，如佩戴耳塞、耳罩、耳棉等。

（2）严禁在进行弹、喷、射击等实验时对着人，以防伤人。

（3）用钻孔器、锥子、针等切割和穿透物品时，不应以另一只手给物品作垫层，以免穿透时手被机械击伤。

（4）不能把手插进螺孔或管子中，以防被毛刺刮伤。

（5）要正确使用玻璃器材。

（6）在室外等地进行实地勘测等实验时，要严格按照指导老师的安排操作，严禁拿实验器材作为戏耍工具，来开展一些与实验无关的活动。

（7）备好急救药品箱，配备实验室一般伤害处理药品，以备急用。

4. 防触电防辐射

实验室的电线、电气设备相对于宿舍和家庭的要复杂得多，在实验室进行实验，防触电的意识应该更强一些。实验室辐射的范围也比较广，例如电磁辐射和放射性辐射，应注意防范。

（1）实验前，要认真检查各种移动电器和线路，确保绝缘良好。所有金属外壳电器应接上地线。

（2）电线或电器盒盖破损要及时修复，以免高压导线裸露伤人。

（3）学生在实验中接触放射性物质时，应将放射性物品存放在防辐射箱内，使用完后必须及时入库保管。

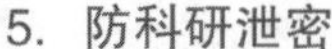

5. 防科研泄密

（1）科研项目数据和成果的安全。实验室承担保密科研项目，如基础及应用研究的测试数据、分析结论、阶段成果和各种技术文件，均要按科技档案管理制度进行保管和使用，不得擅自提供给他人，不得将实验成果带出实验室，防止意外丢失造成泄密。

（2）实验室内保密项目的实验场地，不得擅自对外开放，带人参观要经领导批准，并划定参观范围。

6. 防菌、防中毒、防腐蚀

实验室防菌、防中毒主要是对有害的细菌、真菌和病毒、有毒试剂等的防范，防止由于误食有毒药品、误吸有害气体等造成身体伤害甚至生命危险。

（1）严格按照实验程序、实验室的管理规定和指导老师的安排进行实验操作。

（2）正确全面认识剧毒物品的危害性和操作方法，试剂需要多少领取多少，剩余的要退还或在实验室里妥善处理好，不能出于好奇或其他目的私自领取存放。

（3）实验完毕后，要妥善清理实验器材，该销毁的要安全焚烧销毁，该高压高温杀菌消毒的要严格执行，以免以后造成安全事故。

二、实习安全

实习期间，学生应提高安全意识，严格遵守实习单位的各种安全操作规程，积极向专家、管理人员或老同志请教，不仅要提高专业技能，还要杜绝劳动安全事故的发生。实习是职业学校学生完成学业的必修环节，通过实习才能了解真实的生产环境与生产过程，掌握操作技能。企业的真实环境、生产过程比校内模拟场地、实训场地更为复杂，不可预测的安全隐患更多。近年来，实习生伤害事故频发，并且呈逐年上升的趋势。根据教育部推行的全国职业院校学生实习责任保险统保示范项目抽样选取的约80万例样本分析，2013年每10万名实习学生发生一般性伤害的约78.65人，其中导致死亡的约4.69人，两数据均高于2012年相应数据（2012年每10万名实习学生中约39.9人发生一般性伤害，3.96人死亡）。学生实习事故伤害率和死亡率居高不降，反映出我国职业教育学生实习高风险的现状，同时突显出目前学生实习风险管控力度仍然不足、安全工作效果欠佳等问题。经有关研究分析，造成实习生安全事故频发的原因有很多，包括学校与实习单位缺乏沟通，学校安全教育纸上谈兵、流于形式，实习单位管理制度不完善、监管松懈，实习指导教师跟踪了解不到位等。但从实习生主观因素来看，实习生心理准备不足、安全意识淡薄、操作技能水平不高却高估自身能力，都是事故居高不下的原因。因此在企业环境无法短时间改善的情况下，为避免实习伤害事故，保护自身安全，中职生在实习期间必须树立安全意识、了解安全常识、遵守安全制度。还要主动与实习指导老师定期联络沟通，既是为了保证实习过程中的自身安全，也是为了保证实习所要达到的教育成效。同时，学校作为学生的直接管理部门，应建立学生实习风险管理专门机构，建立健全风险管理体制，为学生安全完成实习任务保驾护航。

（一）工厂车间安全建议

1. 进入厂区前检查劳保穿戴，不带与实习无关的物品进厂。

2. 进入厂区要注意卫生保洁。

3. 厂区内严禁吸烟。

4. 上班不能喝酒。

5. 上班期间不能大声喧哗，不能睡觉。

6. 上班期间严禁打闹。

7. 严禁串岗。

8. 注意每处的安全标志。

9. 不要随便触摸设备、管线表面，以免高温烫伤；不要触摸机器转动部位，以免划伤。

10. 不要擅自开关阀门、机泵或仪表按钮；不要擅自调节操作参数，操作时须在工人师傅的指导下完成。

11. 要爱护工艺设备、消防设备等。

12. 在易燃易爆区内禁用金属敲打、撞击、摩擦。

13. 不准翻越生产线。

14. 注意地沟、排污井等，防止滑倒或摔倒，防止阀杆或管线碰头。

15. 闻到异常气味时要迅速往上风方向撤离，防止中毒。

16. 设备出现紧急情况时，应先迅速撤离现场，并向上级汇报，联系维修人员，正确应对，绝不围观。

17. 在车间内实习时须在安全线内行走，车间外行走时注意避让厂内的车辆，不要妨碍厂内车辆的正常通行，同时要注意自身安全，避免发生意外。

18. 与生产线上的师傅交流要注意礼貌和谦和，不干扰师傅的正常操作。

19. 有事必须向车间当班负责人请假。

20. 严格按安全规程操作。

（二）办公室安全建议

1. 熟知办公场所的应急逃生路线图，注意观察办公楼道、消防逃生通道是否通畅，如有隐患及时报告主管部门。

2. 使用和处理尖利的物品（如剪刀、美工刀、图钉等）应谨慎，摆放有序。

3. 使用裁纸机、碎纸机时要集中注意力，小心领带、长发等被卷入。

4. 办公室电路电线合理固定，切忌缠绕，尽量远离过道；切勿乱拉电线、超负荷使用插座；不要自行修理电器设备，下班前检查电器，切断电源。

5. 注意观察办公室饮水机清洁，发现饮用水变色、变混、变味要立即停止饮用，切忌空烧。

6. 书籍、水养小花卉等物品不要放在电脑主机或电源附近。

7. 正确使用办公室的复印机等设备，防止强光损伤眼睛。

8. 打开的抽屉应及时关闭，防止被绊倒或碰伤。

（三）处“变”不惊

1. 发生危险时，要尽可能在第一时间远离或切断危险源，利用所学知识采取相应

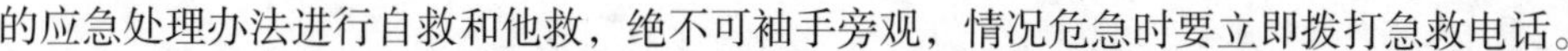

的应急处理办法进行自救和他救，绝不可袖手旁观，情况危急时要立即拨打急救电话。

2. 为了保障个人的合法权益，中职生到实习单位顶岗实习前，学校、实习单位、学生应签订三方顶岗实习协议，明确三方的义务和责任，明确说明发生人身伤害事故后的善后处理办法，以免发生不必要的纠纷。

三、校外兼职安全

当前我国在校学生许多曾有过打工经历，时间主要集中在寒暑假。许多同学反映，在兼职过程中自身权益受到过损害，主要表现为少付工资、中介不兑现承诺及人身伤害等。绝大部分学生没有自我保护意识，只有极少量的学生表示，兼职打工时认真考虑了安全问题。为保障学生的切身利益，职校学生在防范就业安全方面需要注意以下事项：

（一）防止非法中介的诈骗

通过中介机构找兼职工作，应当避免找小中介尤其是那些没正规资质的中介；对不熟悉的中介公司，可以注意查看其是否有劳动部门颁发的《职业介绍许可证》，也可以上网查询，了解其经营范围是否与执照（正本）相符。

（二）不轻易交纳任何押金及抵押证件

当招工单位以管理为名收缴押金或保证金时，一定要谨慎。如果确实要交，应将费用的性质、返还时间等内容明确写入劳动协议，以免日后被单位以各种名义扣留，遭到损失。当被要求抵押证件时，一定要拒绝，因为除公安机关以外的任何单位和个人没有权力扣留公民的任何证件。谨防证件流失到不法分子手中，成为非法活动的工具。证件复印件的使用也要谨慎，在递交时应在复印件空白处注明使用目的，约定使用完归还的期限。

（三）不到低级庸俗的娱乐场所和高危岗位工作

为保障人身安全，职校生找兼职工作一定要避开酒吧、KTV 等娱乐场所，以防接触复杂环境造成安全隐患。另外，有些工作危险系数高、劳动强度大，如建筑工地、机械零件加工等，学生容易疲劳，也容易发生意外。如果因为兼职打工而影响完成学业，就会得不偿失。

（四）必须签订劳务协议

在兼职打工开始或就业前，职校生就应当在学校的勤工助学中心登记，更要与用工单位签订劳动协议。协议书中应明确权责，对工资额度、发放时间、劳动安全等关系到学生切身利益的内容一定要详细说明。如果发生纠纷，职校生可以此为依据通过劳动仲裁机关或法院维权。

（五）防止网络欺诈

有些小公司在网上发布信息，要求应聘者通过电子邮件的方式工作，如翻译、文学创作等。然而当学生将作品发过去之后，却被告知不予采用。这类案件很难取证，因此要慎防。

第四节　财物安全

一、防范抢劫

抢劫是以非法占有为目的，对财物的所有人、保管人当场使用暴力、胁迫或其他方法，强行将公私财物抢走的行为。《中华人民共和国刑法》第二百六十三条规定：“以暴力、胁迫或者其他方法抢劫公私财物的，处三年以上十年以下有期徒刑，并处罚金；有下列情形之一的，处十年以上有期徒刑、无期徒刑或者死刑，并处罚金或者没收财产：入户抢劫的；在公共交通工具上抢劫的；抢劫银行或者其他金融机构的；多次抢劫或者抢劫数额巨大的；抢劫致人重伤、死亡的；冒充军警人员抢劫的；持枪抢劫的；抢劫军用物资或者抢险、救灾、救济物资的。”

（一）防范意识时刻相伴

1. 回家上楼梯、开门时，注意观察是否有可疑、陌生人尾随。

2. 独自一人在家时要反锁房门，在门上安装“猫眼”，遇有陌生人敲门，应问明身份情况再决定是否开门。

3. 宿舍现金存放不宜过多。

4. 不当众数钱财，若携带大量现金或贵重物品，应找一两个人结伴同行，尽量别靠路边走。

5. 若经常走夜路，要准备好防袭击警报器、哨子、防狼喷雾等。

6. 觉得周围有可疑人员，可立即站在原地，背靠掩护物，或到附近商店、单位内暂避。

7. 在路口停车或在路边停靠时，将所有车门锁死。

8. 行驶到偏僻地段遇陌生人拦车，最好别停车；车在途中抛锚且处在人烟稀少或复杂地段，要及时联系最近的修理厂或打 110 求助。

9. 存取款时，要留意身边是否有可疑人员。输入密码时，挡住其他人视线。在柜面上清点现金，并尽量不让旁边的人看到。

10. 取款后避免在僻静的道路行走。开车存取款的也要提高防范意识，一旦汽车轮胎被扎，应做到钱物不离身。

11. 提取大额现款时，最好能两人以上结伴并驾车而行。

12. 走路不要离马路太近，更不要走车行道；拎包要放在胸前，背包最好靠右侧斜背。

13. 对于悄悄驶近的摩托车、三轮车等要特别注意防范；若发现可疑情况，可停在人较多的道边让可疑车辆先行。

14. 若夜间独自外出，不要将包不加固定地放在自行车筐里，可把包带绕在自行车

车把上，不要让包离开自己的视线。

（二）遭遇抢劫的应对措施

发现有人尾随或窥视，不要紧张，不要露出胆怯神态，立刻改变原定路线，朝有人的地方走，并拨打家人、亲戚或朋友的电话求助。

当抢劫案件发生时，应保持镇定，及时做出反应。抢劫犯作案后急于逃跑，利用这种心理，应大声呼叫，并追赶作案人，迫使作案人放弃所抢的财物。若无能力制服作案人，可保持距离紧追不舍并大声呼救，引来援助者。如追赶不及，应看清作案人的逃跑方向和衣着、发型、动作等特征，及时就近到人多的地方请求帮助，并及时拨打 110 向公安机关报案。

遭遇入室抢劫，应尽量与犯罪嫌疑人周旋，找时机脱身；尽量记住犯罪嫌疑人人数、体貌特征、所持何种凶器等情况，待安全后，尽快报警。

二、防范诈骗

（一）校园诈骗手段

近年来，校园诈骗案件频发，各类骗术层出不穷，严重扰乱了同学们的学习和生活。由于诈骗分子使用的手段不断翻新，使得单纯的学生防不胜防，校园诈骗的主要手段有以下几种：

1. 利用虚假身份行骗。诈骗分子往往利用虚假身份与学生交往，骗取学生的信任，诈骗得手后随即失去联系。

2. 投其所好，引诱学生上钩。一些诈骗分子往往利用学生急于就业、创业、出国等心理，投其所好、应其所急，施展诡计骗取财物。

3. 利用假合同或无效合同进行诈骗。一些骗子利用学生经验少、法律意识差、急于赚钱补贴生活的心理，常以公司名义让学生为其推销产品，事后却不兑现酬金而使学生上当受骗。

4. 以借钱、投资等为名实施诈骗。有的骗子利用学生的同情心骗取钱财，有的骗子利用学生急于求成的心理，以高利投资为诱饵，使学生上当受骗。

5. 以次充好，恶意行骗。一些骗子利用学生“不识货”又追求物美价廉的特点，上门推销各种产品而使学生上当受骗。

6. 骗取中介费。诈骗分子往往利用学生勤工俭学或找工作的机会，用推荐工作单位等形式，骗取介绍费、押金、报名费等。

7. 骗取学生信任后伺机作案。诈骗分子常利用一切机会与学生拉关系、套近乎，骗取信任后寻找机会作案。

以上种种手段都是利用了学生的弱点，骗取钱财。

（二）提高防骗意识

1. 帮助陌生人要讲究方法，绝不能因为好面子而将自己的财物交其处理，或跟随陌生人去往陌生的地点。

2. 不要将个人有效证件借给他人，以防被冒用。

3. 不要将个人信息资料如银行卡密码、手机号码、身份证号码、家庭住址等轻易告诉他人，以防被人利用。

4. 切不可轻信张贴广告或网上勤工助学、求职应聘等信息。

5. 不要相信天上掉馅饼的事情，馅饼下面通常覆盖着一个陷阱。

6. 与人相处目的要纯正，以高利投资、贪图享乐为目的往往会被人设局。

7. 养成“做决定前想三分钟的习惯”，或者和自己的挚友、老师商量一下，以减少未知风险。

8. 不要相信网络中所谓的非常渠道的货源，便宜的背后往往就是骗人的把戏。

9. 到正规的网店、购物平台进行购物，不浏览如“翻墙网站”“色情网站”“博彩网站”等非法网站。

10. 不要相信所谓的内幕消息，对方想的可能只是赚取你的入会费。

11. 通过正规的招聘网站或招聘会寻找工作机会，事先调查了解招聘企业的基本信息。

12. 遭遇要求缴纳各种费用的招聘企业要及时警醒，多数都是骗子公司。

13. 不要借助所谓的路子、关系、潜规则找到想要的工作。

（三）遭遇诈骗的应对措施

当自己的钱财被诈骗分子骗取后，应立即报警，保存好与骗子间聊天的记录、交换的物件等，并向警方提供有利线索，同时不要打草惊蛇，以免骗子逃之夭夭。如果被骗钱财数额较小，可先寻求学校保卫处、老师或家长的帮助，切莫借用“破财免灾”“无关痛痒”的想法隐瞒了事，从而放纵诈骗分子。

三、防范传销

传销是指组织者或者经营者发展人员，通过对被发展人员以其直接或者间接发展的人员数量或者销售业绩为依据计算和给付报酬，或者要求被发展人员以交纳一定费用为条件取得加入资格等方式获得财富的违法行为。传销的本质是“庞氏骗局”，即以后来者的钱发前面人的收益。

传销产生于二战后期的美国，成型于战后的日本，发展于中国。传销培训教材不仅极富煽动性和欺骗性，而且具有很多心理学的要素，极易诱人上当。在国外传销和直销是一个意思，也就是说国外只有传销这一个概念。国外传销的主要概念是：以顾客使用产品产生的口碑作为动力，让顾客来帮助经销商来宣传产品后分享一部分利润，也就是客户传播式销售。这跟国内的传销是两个概念。

中国式传销是虚假的公司，虚构的产品，什么都是空的，就只是让你拉人头，从入会费或者加盟费中提取少量提成，或者控制人身自由，没收财物，让你无法与外界联系，天天学习那些传销培训教材，让你学会怎么骗人，然后列名单、电话或书信邀约、摊牌、跟进，直至以各种方式交齐入会费或者加盟费。

现在的中国式传销是建立在精神控制的基础上，即让你通过他们的传销培训洗脑后自发地去组织进行传销；另外就是控制你的人身自由，没收所有物品，并且通过暴力使你认可这些谎言。

目前出现新型传销，不限制人身自由，不收身份证手机，不集体上大课，而是以资本运作为旗号拉人骗钱，利用开豪车、穿金戴银等，用金钱吸引，让你亲朋好友加入，最后让你达到血本无归的地步，就是一种新型骗局。

传销是国家严厉打击的非法活动。非法传销组织往往以“就业、创业”为名，通过对受害人进行“洗脑”，使其以所谓高额的经济回报和“创业”来诱骗自己的亲戚、朋友或同学缴纳几千元现金后加入其组织，致使很多在校外实习或求职的大中专学生上当受骗，有的甚至被当地黑势力控制，不能脱身。

（一）慧眼识传销

传销陷阱

1. 入门费

是否需要认购商品或交纳费用取得加入资格或发展他人加入的资格，牟取非法利益。

2. 拉人头

是否需要发展他人成为自己的下线，并对发展的人员以其直接或间接滚动发展的人员数量为依据给付报酬，牟取非法利益。

3. 计酬方式

是否以直接或间接发展人员的销售业绩为依据计算报酬，牟取非法利益。

如果符合以上特征，就有可能涉嫌传销。

4. 传销活动惯用的名词

（1）“北部湾建设”“资本运作”“1040工程”。

（2）“消费返利”“连锁销售”“特许经营”“点击广告获利”“爱心互助”“消费养老”“境外基金、原始股投资”、“电子币买卖”。

（3）静态收益、动态收益、直推奖、层推奖、对碰奖、见点奖、领导奖、培育奖、报单奖、管理奖、小区业绩奖。

（二）学生如何防止被骗误入传销

1. 外出实习的大中专学生应严格遵守学校的实习纪律，未经许可不得擅自离开实习单位，确有特殊情况要离开实习单位的，必须先向学校招生就业处说明情况并征得同意后方可离开实习单位。

2. 在校外实习或求职的学生在校外实习或求职时应注意安全，一旦遇到不法侵害应及时向实习单位求助或向当地警方报案。

3. 在校外实习或求职的学生应注意加强自我保护意识，不要轻信他人的谎言——“我这儿工作又轻松工资待遇又好，到我这儿来上班吧。”如果你轻易相信了类似的谎言，就很容易被骗入非法传销组织。

（三）误入传销后如何自救

误入传销后，每一个受害者都想尽快逃离传销窝，但选择的途径不同，所引发的结果也不同。

1. 在身份证、手机、钱包被没收，无法外出、无法对外联系的情况下，假装对传销感兴趣，口头说可以先做试试看，目的是让传销分子放松警惕，然后假借要向家里要钱缴纳入门费，需要联系家里，这样就创造了外出或者拨打电话的时机。

2. 在无法外出、无法对外联系、拨打手机但有人监视的情况下（这种情况比较多见），都不知道自己身在何处时，即使报警，说不清地址，警察依然无法有效展开救助。这时，只能在电话中假借各种名义，先找人借钱，然后借口拿自己的银行卡去外面取钱获得外出的机会，通过向路人、警察大声呼救等方法脱身。

不要进行身体上的对抗，毕竟传销内部人多势众，不要硬碰硬，以免对自己的身体造成伤害。要利用一切机会外出，只要能够出去，就可以找机会获得帮助。

第五节　预防滋扰

一、预防和抵制校园暴力

校园暴力是当前危及学生安全、破坏校园稳定的一大隐患。近几年某些学校发生的暴力事件至今仍让我们为之心悸。其实，在我们的大部分学校里都存在类似的现象，只不过是程度没那么严重，或没被学校发现、没被相关人员重视而已。校园暴力的频频发生，已给我们敲响了警钟。

（一）校园暴力的主要形式

根据校园暴力的性质和程度的不同，可以分为硬暴力和软暴力。拳打脚踢、拔刀相对等是硬暴力，乱起绰号、推举“最差”等就是软暴力。软暴力对学生心灵的伤害甚至超过了硬暴力，同样可以置人于死地。从参加人员的组成上看，可以分为师生间暴力和同学间暴力以及社会人员与校园内部人员间的暴力。

1. 师生间暴力

它是引起师生间冲突的导火线，多半是由于学生觉得教师冷落他，挑剔他。而他们的还击是故意在老师面前破坏课堂规则，如大声说话、以粗言秽语辱骂老师、要求离开教室、伏在桌上睡觉等。究其原因，多是因学生在家中受了气，或被父母责骂，或与监护人不和，甚或跟同学、朋友发生过口角——在心情欠佳、情绪低落的情形下，老师便被当成出气对象。从师生冲突的微观角度而言，冲突当时双方的情绪失控是暴力产生的最直接原因。

2. 同学间暴力

它是校园暴力的主要形式，发生的频率相当高。具体来讲，一般有以下四种形式：

（1）以大欺小，以强凌弱。比较多的是高年级的学生欺负低年级的学生，这些“问题少年”法制观念较差，小小年纪就信奉拳头大的是老大，逞强好胜。

（2）结帮拉派，搞小团伙。模仿电视剧黑帮，在内部排出老大老二，合伙做坏事，在校园里惹是生非，或打群架，或以欺辱他人为乐事。

（3）强拿硬要，索取钱财。参与校园暴力的学生，根本无心读书，恶习比较多，不正常消费多，泡网吧、酗酒的不在少数，手里没钱就强拿强要同学钱物。胆小的同学

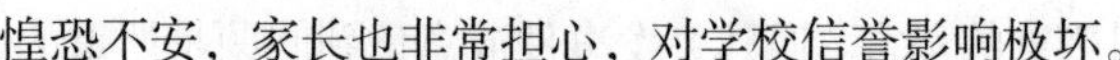

惶恐不安，家长也非常担心，对学校信誉影响极坏。

3. 校外人员介入“校园暴力”

校园已不是净土，社会上的一些阴暗面必然影响到学校内部，“校园暴力”由于校外人员的介入往往引起严重的后果，也给处理问题增加了难度。

“校园暴力”的产生有其深刻的社会和家庭等诸多方面的原因，彻底杜绝“校园暴力”是一项复杂的系统工程，需要全社会的共同努力。我们有理由相信，随着社会的进步，全社会道德、法制水准的大幅度提高，“校园暴力”将越来越受到全社会的关注和重视，“校园暴力”现象必将得到有效遏制或消除。作为新时代的中职生应该从自我做起，做拒绝“校园暴力”的楷模。

（二）校园暴力的预防与应对

1. 三级预防策略

初级预防，是指在校园暴力发生前，通过一系列预防工作将暴力发生的可能性降到最低。现在校园暴力在很多时候是由于同学之间的矛盾处理不好而引发的，这些同学没掌握必要的人际交往技巧。在初级预防阶段，学校应注重培养同学们的交往技能和对待问题的态度。在家庭预防方面，建议加强父母与子女间的情感，让同学们感受到家庭的温暖。

二级预防，是在校园暴力发生前及时发现并及时防预，工作重点在学校和家庭。虽然不是所有的校园暴力都有一些预示性的行为，但老师、同学、家长都能够发现一些早期的警告信号。例如，最近很反常，经常发脾气，和同学说一些负面言语的同学；感情孤立、有过感情被拒绝、暴力事件的受害者等同学，都是校园暴力可能出现的“高危人群”，应该成为学校和家长关注的对象。

三级预防，是在暴力事件发生后做出及时反应。另外，还需要注意如何帮助同学和老师接纳先前因犯错而离开过学校的同学重新回到学校团体中，给他们一个改正错误的机会。

2. 应对校园暴力

在对待校园暴力问题上应该坚持以预防为主、自护为主、智斗为主的基本策略，并掌握一些应对暴力侵害的基本方法：

（1）义正词严，当场制止。当你受到坏人的侵害时，要勇敢地斗争反抗，当面制止，绝不能让对方觉得你可欺。你可以大喝一声：“住手！想干什么？”“要什么流氓？”从而起到以正压邪、震慑坏人的目的。

（2）处于险境，紧急求援。当自己无法摆脱坏人的挑衅、纠缠、侮辱和围困时，立即通过呼喊、打电话、递条子等适当办法发出信号，以求民警、老师、家长及群众前来解救。

（3）虚张声势，巧妙周旋。当自己处于不利的情况下，可故意张扬有自己的亲友或同学已经出现或就在附近，以壮声势；或以巧妙的办法迷惑对方，拖延时间，稳住对方，等待并抓住有利时机，不让坏人的企图得逞。

（4）主动避开，脱离危险。明知坏人是针对你而来，你又无法制服他时，应主动避开，让坏人扑空，脱离危险，转移到安全的地带。

（5）诉诸法律，报告警方，受到严重的侵害、遇到突发事件或意识到问题是严重的，家长和校方无法解决，应果断地报告公安部门如巡警、派出所，或向学校、未成年人保护委员会、街道办事处、居民委员会、村民委员会、治保委员会等单位或部门举报。

（6）心明眼亮，记牢特点。遇到坏人侵害你时，你一定要看清记牢对方是几个人，他们大致的年龄和身高，尤其要记清楚直接侵害你的人的衣着、面目等方面特征，以便事发之后报告和确认。凡是能作为证据的，尽可能多地记住，并注意保护好作案现场。

（7）堂堂正正，不贪不占。不贪图享受，不追求吃喝玩乐，不受利诱，不占别人的小便宜。因为“吃人家的嘴短，拿人家的手软”，往往是贪点小便宜的人容易上坏人的当。

（8）遵纪守法，消除隐患。自觉遵守校内外纪律和国家法令，做合格的职校生。

（三）不因小事伤和气

1. 导致青少年产生暴力犯罪行为的原因

原因一：个性压抑。文化水平低、道德观念差、法律意识淡薄是违法犯罪的未成年人的共性问题。由于青少年时期特有的封闭心理，成年人不了解他们的思想倾向，于是一些人到校外满足内心交流需要，极易受其不良的群体心理影响。此外，一些违法犯罪的未成年人往往不了解自身的合法权益，也不知如何用合法的手段来维护，常以非法手段维护权益而导致犯罪。

原因二：家长放纵。家长往往单纯注意对子女的智力培养，而忽视对其思想道德品质的培养，放纵子女的不良习气和行为。一些经济压力大、结构复杂的家庭，对未成年人缺乏关爱，极可能形成未成年人冷酷、粗暴、过分敏感和极端自私的不良心理。

原因三：学校素质教育滞后。学校的素质教育滞后、法制教育有待加强。有些初、高中（含中专、技校）没有开设相应课程，而且缺乏统一的法律教育教材。学校对于差生缺乏耐心细致的教育帮助，容易使学生对学校、老师和社会产生强烈的抵触情绪和逆反心理。

原因四：社会不良文化侵袭。不良文化中宣扬的极端个人主义、享乐主义和“金钱万能”等观念对未成年人造成了侵蚀。另外，适合未成年人的公益性健康娱乐体育场所少，很多未成年人或封闭在家，或浪迹街头，或沉溺网吧、电子游戏室等娱乐场所，极大地影响了他们心智的健康发展。

2. 避免因小事与人起争执

从根本上说就是要知道如何与人相处，即处理好人际关系。建立良好的人际关系的具体方法很多，但在日常生活中，最为最要，同时又最有效的方法有以下几个方面：

（1）建立良好的第一印象。

人的仪表，包括相貌、穿着、仪态、风度等，都是影响人际交往的因素。人们总是觉得仪表有魅力的人更活泼愉快，更友善合群。

（2）待人要真诚热情。

一般情况下，交往双方总是先接受说话的人，然后才会接受对方陈述的内容。因此，对人讲话时，态度应该诚恳，要避免油腔滑调、高谈阔论、哗众取宠、垄断话题。实事求是、态度热情，往往给人一种信赖感、亲近感，这有利于交往的继续深入。

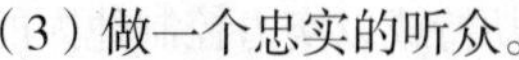

（3）做一个忠实的听众。

每个人都需要有自我表现的机会。在初次交往中，有效地表现自己固然重要，但做一个耐心的听众，鼓励别人多谈他们自己，同样是不可少的。

（4）主动交往。

当你主动与陌生人打招呼、攀谈或邀请别人参加活动时，你会发现你的努力几乎都是成功的。当你的成功经验越来越多，你的自信心也会越来越充分，你的人际关系处境也会越来越好。

（5）关心帮助别人。

在别人遇到困难时，你能伸出援助之手，帮助困难者，安慰失意者，可以很快赢得别人，建立起良好的人际关系。

3. 避免发生纠纷

（1）冷静克制、切莫莽撞。无论争执由哪一方引起，都要持冷静态度，决不可情绪激动。

（2）诚实谦虚。在与同学以及其他人相处中，诚实、谦虚是加强团结、增进友谊的基础，也是消除纠纷的灵丹妙药。

（3）语言美。实践证明，学生中的纠纷很多都由于语言不文明造成的。

（四）不卑不亢防范“小霸王”

青少年成为校园“小霸王”的原因主要有以下几种情况：有的学生在家里是重点保护对象；有的家长脾气暴躁，经常在酗酒后打骂孩子；有的父母离异，从小失去家庭温暖，从而导致他们心理不能健康成长。另外，随着年龄的增长，有些青少年崇拜暴力并且通过暴力手段来满足自己的成就感。

校园暴力的受害者往往是比较固定的群体，比如外地生、转校生和行为比较怪异的学生等。他们有着外在的共同特征，即人际关系不是很好，容易被反复伤害，又没有很好的伙伴，得不到支持和帮助，往往成为受欺负的对象。

当面对校园“小霸王”时，可以试试下列方法：

（1）尽量不与“小霸王”们发生正面冲突，惹不起可以先躲开。

（2）如果对方过于强大，可以先顺从他们，然后报告老师和家长，必要时也可以报警。

（3）同学们上、放学时最好结伴一起走。

如果你已经受到类似“小霸王”的暴力侵害，要及时寻求家人、学校和公安机关的帮助。如果一味忍让，只会助长施暴者的气焰。

二、预防社会暴力的侵害

敲诈勒索，是指以非法占有为目的，对被害人实施威胁或者要挟，强行索取财物的行为。

抢劫罪，是指以非法占有为目的，当场使用暴力、胁迫或者其他方法，强行劫取财物的行为。抢夺，则是指以非法占有为目的，乘人不备公然夺取他人财物的一种犯罪行为。

绑架罪，是指利用被绑架人的近亲或者其他人对被绑架人安危的忧虑，以勒索财物或满足其他不法要求为目的，使用暴力、胁迫或者麻醉方法劫持或以实力控制他人的行为。

我们要预防哪些社会暴力的侵害？遇到社会暴力侵害时应怎么办？表 8–4 中列举了一些应对措施可以借鉴。

表 8–4 遇到社会暴力侵害时的应对措施

遭遇	应对措施
敲诈、勒索	遇到敲诈勒索时一定要保持冷静，尽量说好话，稳住对方，说明自己没带钱，避免正面冲突。
	坚决拒绝其无理要求。一定要相信警方、学校和家庭都能为你提供安全保护。如果轻易屈服于对方，会助长他们的嚣张气焰，也会为你招来无穷无尽的纠缠。
抢劫、抢夺	尽力反抗。只要具备反抗能力或有利时机就应发动进攻，以制服作案人或使其丧失继续作案的心理和能力。
	尽量纠缠。可利用有利地形和身边足以自卫的器械与作案人对峙，使其短时间内无法近身，以便引起人们的注意和援助，对作案人造成心理压力。
	设法脱身。实在无法与作案人抗衡时，可以看准时机向人多、灯亮的地方或宿舍区奔跑。
	麻痹对手。当自己处于作案人的控制之下而无法反抗时，可先按作案人的要求交出部分财物。同时，要对作案人晓以利害，从而造成作案人心理上的恐慌，也可尽量缓和气氛，使作案人放松警惕，看准时机逃脱。
	注意观察。趁作案人不注意时在其身上留下记号，在作案人得逞逃走时悄悄尾随其后，观察其逃跑方向，为警方破案提供线索。尽量准确记下作案人的体貌特征，如身高、年龄、体态、发型、衣着、胡须、语言、行为等。
	及时报案。脱身后要及时报案，尽量准确描述作案人体貌特征，使犯罪分子尽早被绳之以法。
绑架、劫持	遇到劫持，要保持冷静，不要过分挣扎，以免犯罪分子对被绑架者进行身体伤害。要尽量拖延时间，记住犯罪分子的体貌特征、车辆型号和牌照号码等。 如果被蒙上眼睛，要尽量将听到的线索默记在心里，如犯罪分子的谈话内容、他们互相之间的称呼等。到达藏匿地点后，要尽量了解藏匿地点的环境特点，与犯罪分子周旋。尽量避免激怒犯罪分子。
	利用一切可能的机会，寻求他人帮助，摆脱歹徒的控制。

三、远离暴力的策略

1. 暴力是最笨的解决问题的方式。

2. 营造好的班风校风，让暴力无处藏身。

3. 不胆小怕事，勇敢面对校园的不良风气，因为懦弱往往会助长别人对你的攻击行为，要用正气、凛然和大义的态度，努力降低自己受到人身攻击的概率。

4. 不吸烟，不喝酒。

5. 不看色情、暴力、迷信的书刊和影视片。

6. 不摆阔气、不随意介绍家庭财产情况。

7．未经允许不进入他人房间、动用他人物品。

8．不进营业性舞厅、营业性电子游戏厅、网吧等不适宜学生活动的场所。

9．不做突然拿开板凳、突然用脚绊他人等可能导致他人身体受到伤害的动作。

10．不欺负、歧视残疾同学。

11．未经允许不看他人信件和日记。

12．未经家长同意，不在外留宿。

13．不散布他人隐私或开可能导致他人精神受到伤害的玩笑。

14．不参与打架斗殴。

15．不参与赌博或变相赌博。

16．不叫其他同学或老师的侮辱性绰号。

17．不骂人，不说脏话。

18．不强行向他人索要财物。

19．不携带管制刀具或器械。

20．不纠集他人或参与他人组织的结伙滋事、扰乱治安活动。

21．不偷窃。

22．不故意毁坏他人或学校的财物。

23．不吸食毒品，不注射毒品。

24．上网时远离黄色、暴力等有害信息。

25．不破坏他人的网站或网上资料。

26．拒绝性行为。

27．被老师实施体罚或变相体罚时及时向学校领导和家长反映。

28．发现有人实施违法犯罪活动的时候，要记住犯罪嫌疑人的相貌特征并在保证自身人身安全的前提下及时报警，不采取力不能及的措施。

29．发现任何人对自己或者对其他同学实施严重侵害行为，可以通过所在学校、父母或者其他监护人向公安机关或者政府有关部门报告，也可以自己向上述机关报告。

30．认为教育行政部门或学校不认真对待自己或家长对学校或老师的投诉，侵害了自己的权利，可以向人民法院起诉维护自己的权利。

四、预防性侵害

性侵扰是一种不受欢迎或不被接受的带有性意识的接触。换句话说，若某一方用各种方法去接近或尝试接近另一方，而另一方没有兴趣、不喜欢、不愿意或不想要这些带有性意识的接近，便可以说是性侵扰。而性侵害则是违反对方意志而实施的性暴力犯罪活动。

（一）性侵扰和性侵害的主要形式

性侵扰和性侵害是学生安全中一个不可忽视的问题，特别是女同学，更应该掌握一些防范的知识，保护好自己。

性侵扰和性侵害主要形式表现为以下几种类型。

1．暴力型性侵害

暴力型性侵害主要是指侵害主体采取暴力手段、语言恫吓或利用凶器进行威胁，对女同学实施性侵害的行为。暴力侵害的主体比较复杂，有的社会上的犯罪分子是以混入校园进行强奸为目的，进入女生宿舍或校园内偏僻处伺机作案；也有的是以抢劫、盗窃为目的，见有机可乘或因受害人处置不当而发展为强奸犯罪；还有的是因恋爱破裂或单相思，走向极端，发展为暴力强奸。这种方式会对被侵害对象造成很大伤害，甚至死亡。

2. 胁迫型性侵害

胁迫型性侵害主要是指某些心术不正者，或是利用受害人有求于己的处境，或是抓住受害人的个人隐私、某些错误等把柄，胁迫其就范。

3. 诱惑型性侵害

诱惑型性侵害主要是指利用受害人追求享乐、贪图钱财的心理，诱惑受害人而使其受到性侵害。

4. 流氓滋扰型性侵害

流氓滋扰型性侵害主要是指社会上的流氓结伙闯入校园，寻衅滋事，或是某些品行不端正人员在变态心理的驱使下，对女同学进行的各种性骚扰。这些人对女同学的侵害方式多为用下流语言调戏，以推拉撞摸占便宜，往身上扔烟头，做下流动作等。如果在夜间，在女同学孤立无援，或处置不当等情况下，也可能发展为暴力强奸或轮奸。

5. 社交型性侵害

社交型性侵害其犯罪行为主体多是受害人的相识者。因同学、同乡、师生、邻居甚至是男朋友等关系与受害人有社会交往，利用机会或创造机会把正常社交引向性犯罪。

（二）性侵扰和性侵害的预防

性侵扰和性侵害对学生学习、生活危害很大，那么作为职校生应怎样有效地规避侵扰和侵害呢?

1. 筑起思想防线，提高识别能力

职校生可以从以下几个方面，来预防性骚扰和性侵害：

（1）女同学特别应消除贪图小便宜的心理，对一般异性的馈赠和邀请应婉言拒绝，以免因小失大。

（2）谨慎待人处事，对于不相识的异性不要随便说出自己的真实情况。

（3）对自己特别热情的异性，不管是否相识都要倍加注意。

（4）一旦发现某异性对自己不怀好意，甚至动手动脚或有越轨行为，一定要严厉拒绝、大声呼救、大胆反抗，并及时向有关领导和保卫部门报告，以便及时加以制止。

2. 行为端正，态度明朗

如果自己行为端正，居心叵测的人便无机可乘。如果自己态度明朗，对方就会打消念头，不再有任何企图。若自己态度暧昧、模棱两可，对方就会增加幻想，继续纠缠。在拒绝对方的要求时，要讲明道理，耐心说服，一般不宜嘲笑挖苦。有恋爱关系的，在中止恋爱关系后，若对方仍是同学、同事，不能结怨或成为仇人，在节制不必要往来的同时仍可保持一般正常往来关系。参加社交活动与男性单独交往时，要理智地、有节制地把握好自己，尤其应注意不能过量饮酒。

3. 学会用法律保护自己

对于那些失去理智、纠缠不清的无赖或违法犯罪分子，女同学千万不要惧怕要挟和

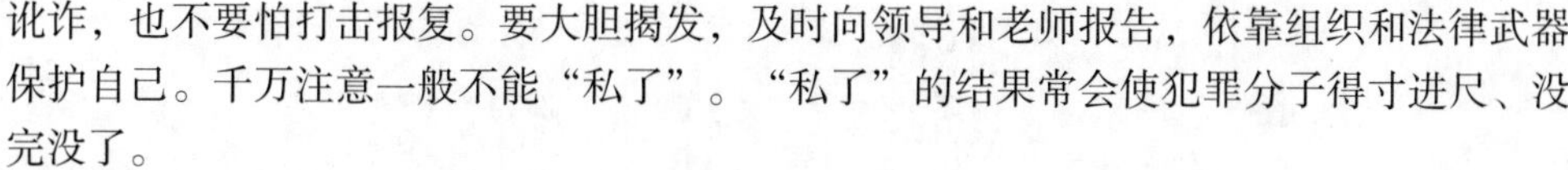

讹诈，也不要怕打击报复。要大胆揭发，及时向领导和老师报告，依靠组织和法律武器保护自己。千万注意一般不能“私了”。“私了”的结果常会使犯罪分子得寸进尺、没完没了。

4. 正当防卫，提高自我防范的有效性

一般女性的体力均弱于男性，正当防卫要把握时机、出奇制胜，狠、准、快地击其要害部位，即使不能制服对方，也可制造逃离险境的机会。同时，要注意设法在案犯身上留下印记或痕迹，以备追查、辨认案犯时做证据。

（三）中职学生遭遇性侵害时的应对措施

遇到性侵害的时候，应采取以下应对措施：

1. 遇到性侵害时，首先要保持清醒的头脑，保持镇静，临危不惧。临危不乱的态度可以对罪犯起到震慑作用，使犯罪分子在心理上感到胆怯，进而战胜之。

2. 遇到性侵害时要有坚持反抗到底的信心，在保证自身安全的前提下，采取软磨硬泡，拖延时间，寻求时机。可根据周围的环境选择摆脱、反抗或求救的办法。

3. 寻求适当机会和方式逃脱。例如，可先假装同意，使犯罪分子放松警惕，然后趁他脱衣，使尽全力将他推倒，及时逃跑，并在逃跑时继续呼救。或者出其不意，猛踢其要害部位，使其丧失侵害能力，趁机逃脱。女生如果穿的是高跟皮鞋，还可以以此作为武器，当犯罪分子将自己推倒在地时，可用鞋尖猛击其头部或阴部，再乘机逃跑。

4. 采取积极的防卫措施，利用身边的器物或日常生活用具防卫。当发生性侵害时，要想一想自己身上有无可以用作防卫的工具，如水果刀、指甲钳、发夹等，观察周围的环境有没有可以利用的器物，如棍棒、酒瓶、砖、刀械等，当受到侵害时，用其击打犯罪分子要害部位，如头、眼睛、关节等部位，使其丧失侵害行为的能力，乘机逃跑。

5. 遭遇陌生人侵害时，要努力记住犯罪分子的体貌特征，保护好现场及物证，及时报案。

学以致用

校园是教育人、培养人、发展人的特殊场所，它应该是安全、宁静、和谐、美好的。同学们要培养自己坚强、开朗的性格，在权利受到侵害时，要通过合法的渠道解决，要相信自己的权利一定会得到保护。

活动一：上网搜集资料，了解校园暴力对同学、家长及社会造成的危害，并将搜集到的文字资料、图片等进行一次班内展览。

活动二：组织个辩论会，对校园暴力的成因展开分析和讨论。

⊙ ______________________________

⊙ ______________________________

活动三：作为中职生应该如何从我做起，自觉抵制和防范校园暴力？有哪些应该注意的事项？试列举出来并在同学之间进行交流。

⊙ ______________________________

⊙ ______________________________

参考文献

[1] 柴丽芳，叶碧琼，李先涛．中职生入学指导ABC [M]. 北京：对外经济贸易大学出版社，2019.

[2] 刘运福，马昕．学生安全素质教育 [M]．北京：化学工业出版社，2019.

[3] 苏宏伟，刘志彬．中职生入学教育指导 [M]．北京：中国铁道出版社，2019.

[4] 张青松，杜兆君，陈敏．中职生安全教育读本 [M]．天津：天津科学技术出版社，2019.

[5] 柳君芳，姚裕群．职业生涯规划 [M]．北京：人民大学出版社，2019.